A szerző
Dr. Jaerock Lee

Dr. Jaerock Lee hét évig a halál küszöbén állt, mivel nagyon sok betegségtől szenvedett, azonban teljesen meggyógyult, amikor találkozott az élő Istennel. Ez után Isten elhívta őt a Szolgájaként, és 1982-ben megalapította a Manmin Egyházat Szöulban, Koreában. A Manmin gyülekezet több mint 120.000 tagra növekedett az utóbbi 30 évben. A szolgálata alatt Dr. Lee Jézus Krisztus nevében kinyilvánította Isten hatalmát, és Istent csodálatos jelekkel és csodákkal dicsőítette. Számos kézzelfogható bizonyíték által Isten számtalanszor igazolta Dr. Lee üzeneteit, amelyeket olyan országokban közvetített, mint Uganda, Japán, Pakisztán, Kenya, a Fülöp-szigetek, Honduras, India, Oroszország, Németország, Peru, Kongó, New York, Izrael, és Észtország. Ezeket a missziókat az egész világon közvetítették, tévén is Interneten. Az ugandai erőteljes szolgálata alatt az Uganda 2000 Szent Evangélium Misszión ("The 2000 Uganda Holy Gospel Crusade") és eseményen a CNN műsorán szerepelt, és a 2009-es Izraeli Egyesült Misszión ("The 2009 Israel United Crusade"), melyet az ICC (International Convention Center) helyén tartottak meg Izraelben, Jeruzsálemben, Dr. Lee kinyilvánította, hogy Jézus Krisztus a Messiás, és ez a misszió több mint 220 országban egyenes adásban szerepelt a tévéműsorokban. A mai napig Dr. Lee 64 könyvet írt, melyek tele vannak az élet szavával, és milliárdnyi embert vezetett az üdvösséghez. Egyik jelentős munkája, *A Kereszt Üzenete* számos lelket felébresztett az egész világon a spirituális szendergésből.

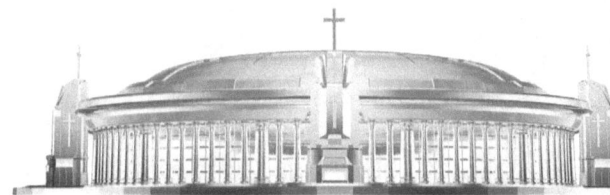

A világ körül

Isten hatalmának panorámája által bátran kinyilatkoztatta Isten létezését a világnak, valamint az emberiség egyetlen megmentőjének, Jézus Krisztusnak a létezését is, és a Bibliában találhatóak igazságát is bátran kinyilvánította!

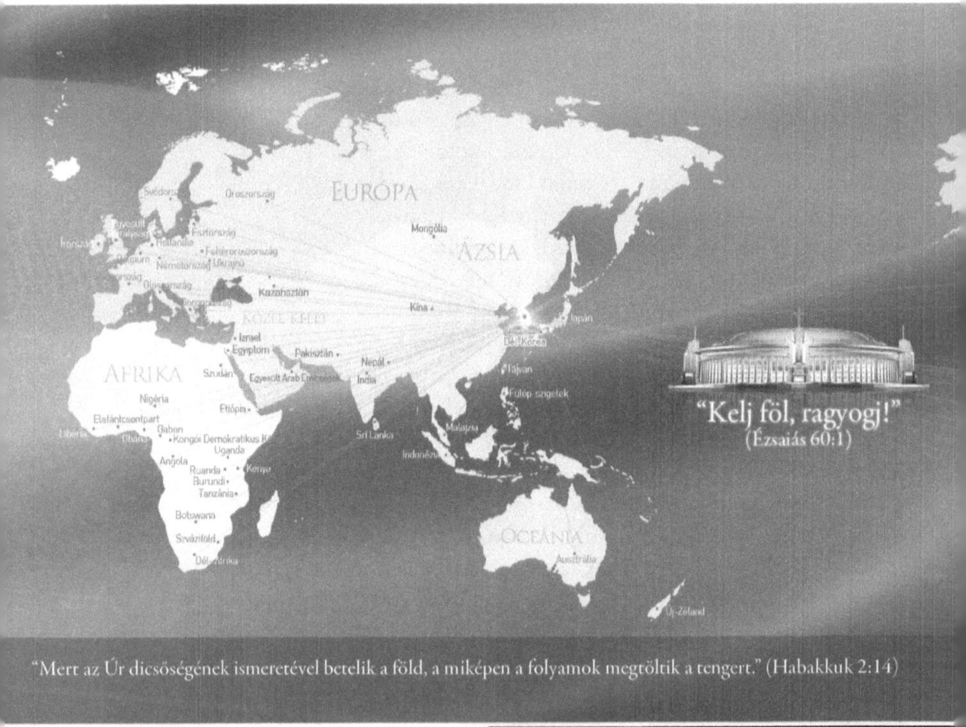

"Kelj föl, ragyogj!"
(Ézsaiás 60:1)

"Mert az Úr dicsőségének ismeretével betelik a föld, a miképen a folyamok megtöltik a tengert." (Habakkuk 2:14)

Tucatnyi tengerentúli misszió,
amelyet Dr. Jaerock Lee tartott,
megrázta a világot
a Szentlélek erejével

1 Kenya Szent Evangélium Misszió
2 Manmin Központi Templomának Világszolgálata
3 Pakisztán Nagy Egyesült Misszió
4 Uganda Szent Evangélium Misszió
5 Fülöp-szigeteki Újjáéledési és Gyógyító Misszió
6 Honduras-i Csodás Gyógyító Misszió
7 Perui Gyógyító Misszió

A világ körül

"Hanem vesztek erőt, minekutána a Szent Lélek eljő reátok: és lesztek nékem tanúim úgy Jeruzsálemben, mint az egész Júdeában és Samariában és a földnek mind végső határáig." (Cselekedetek 1:8)

Tucatnyi tengerentúli misszió,
amelyet Dr. Jaerock Lee tartott,
megrázta a világot
a Szentlélek erejével

1 Kongói Demokratikus Köztársaság Csodás
  Gyógyulások Fesztivál
2 Észtország Csodás Gyógyulások Misszió
3 Izraeli Egyesült Misszió
4 New York Misszió
5 Németország Gyógyító Misszió
6 Oroszország Csodás Gyógyulások Fesztivál
7 Indiai Csodás Gyógyulások Imafesztivál

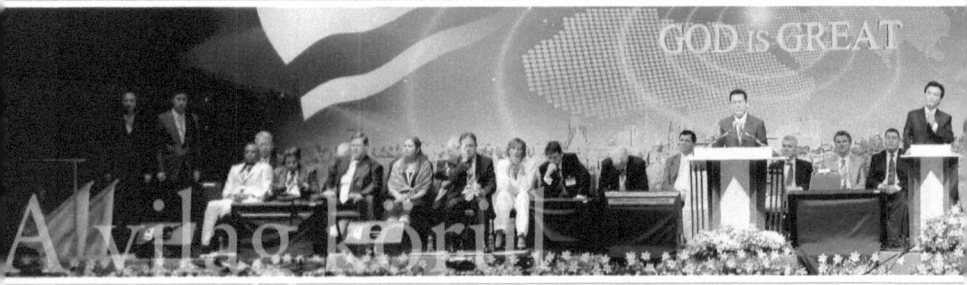

A világ körül

GOD IS GREAT

2

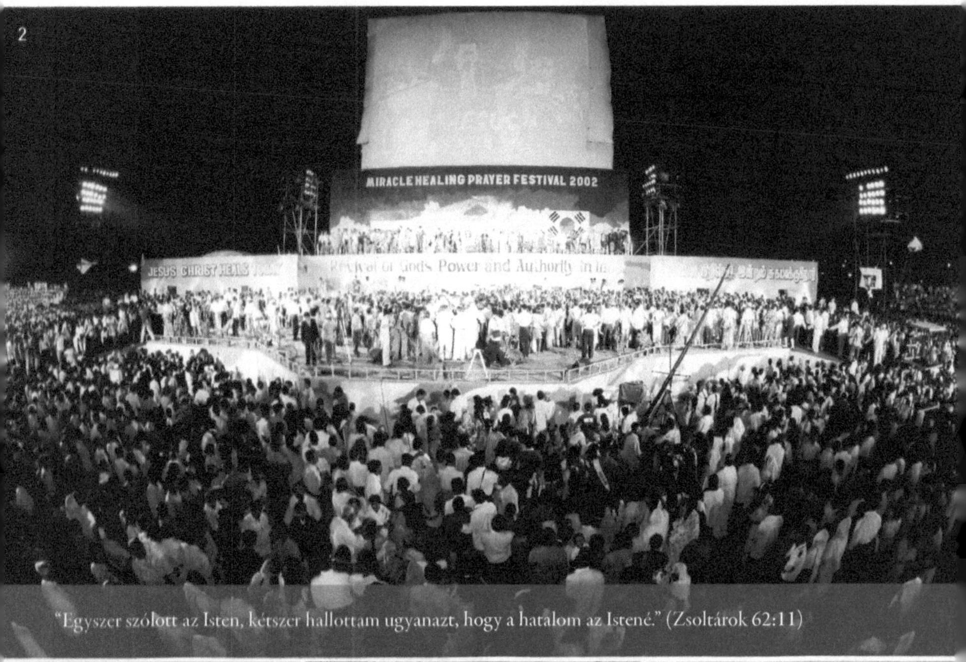
MIRACLE HEALING PRAYER FESTIVAL 2002
JESUS CHRIST HEALS

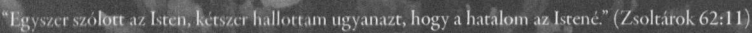

"Egyszer szólott az Isten, kétszer hallottam ugyanazt, hogy a hatalom az Istené." (Zsoltárok 62:11)

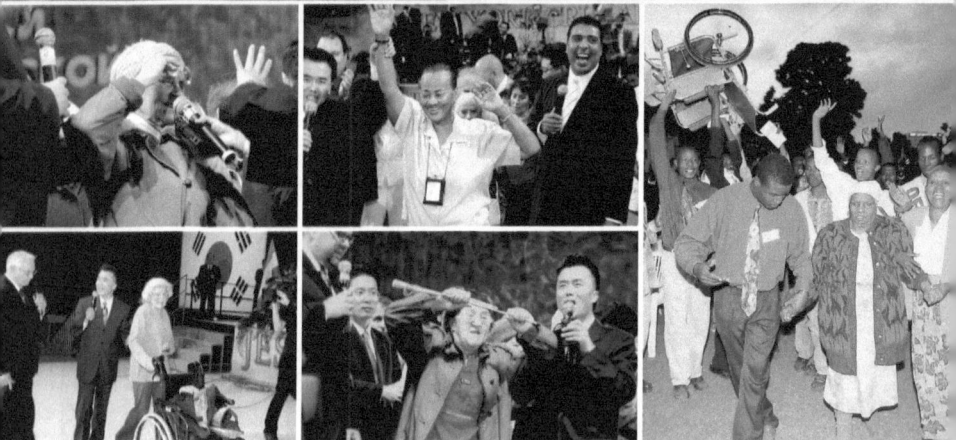

Tucatnyi tengerentúli misszió, amelyet Dr. Jaerock Lee tartott, megrázta a világot a Szentlélek erejével

Dr. Jaerock Lee által Isten kinyilvánítja a jelenlétét és hatalmát, azt a fajta bibliai gyógyulást, amely az ember hatalma által nem lehetséges, és amely ma is lejátszódik. Minden egyes tengerentúli misszión számos ember megtapasztalta Isten gyógyító erejét, még olyan gyógyíthatatlan betegségek esetében is, mint az AIDS, a rák, és hasonlók, a helyszínen, amikor Dr. Lee imádkozott értük, nem kézrátétellel, hanem csak a pulpitusról elmondott, mindenkiért szóló imával.

1 Izrael Egyesült Misszió
2 India Csodás Gyógyulás Imafesztivál
3 2006-ban a Kongói Demokratikus Köztársaság elnöke,
  Joseph Kabila meghívottja

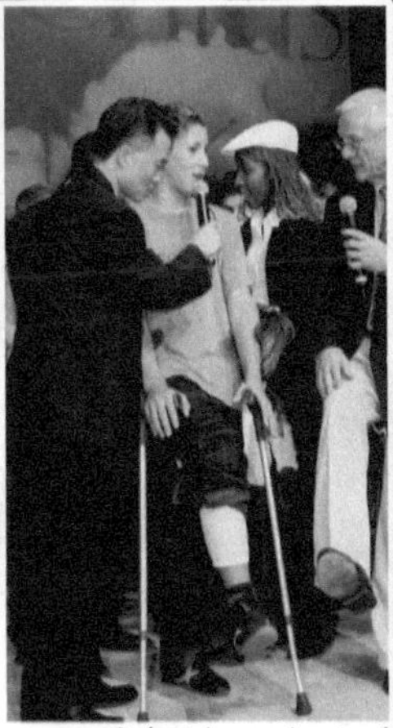

Számtalan ember tanúsította a csodálatos gyógyulását

Manmin
Központi Templom

A Manmin Központi Templom átveszi a nemzeti evangelizációt és a világmissziót

2012 február a Manminnak 42 altemploma és 13 helyi szentélye van Észak-Korea nagyvárosaiban, és körülbelül 120.000 külföldi altemploma van, szerte a világban. A Manmin összes istentiszteletét élőben közvetítik a koreai és külföldi altemplomokban az "NSS-6" (New Skies Satellites 6), ThaiCom 5, Galaxy 19, ABS 1, és GCN műholdak segítségével, és a világ többi részeire az Internet segítségével. A Manmin egyház aktívan részt vesz más szolgálatokban is, úgy mint könyvkiadás, újságok és magazinok kiadása, és az előadó művészet. Manmin a világmisszió végrehajtásában vezető szerepet vállal, valamint az észak-koreai misszió előkészítését is végrehajtja. A Manmin Központi templomot azzal is megbízták, hogy megépítse a Nagy Szentélyt, amely arra szolgál, hogy nagyban hozzájáruljon Isten dicsőségének feltárásához.

1 Húsvéti előadás
2 A templom évfordulója
3 Nissi Zenekar

4 GCN Felszentelő Ceremónia
5 WCDN Konferencia 2006

"Kelj fel, világosodjál, mert eljött világosságod, és az Úr dicsősége rajtad feltámadt." (Ézsaiás 60:1)

A
KERESZT
ÜZENETE

A
KERESZT
ÜZENETE

Dr. Jaerock Lee

URIM BOOKS

A KERESZT ÜZENETE

Szerző: Dr. Jaerock Lee
Kiadta az Urim Books (Képviselő: Seongnam Vin)
235-3, Guro-dong3, Guro-gu, Seoul, Korea
www.urimbooks.com

Korábban koreai nyelven kiadva az Urim Books által 2002-ban

Első kiadás 2012 február

Szerkesztő: Dr. Geumsun Vin
Tervezte az Urim Books szerkesztői irodája
Nyomtatta a Yewon Printing CompanySzöulban, Koreában
További információért lépjen velünk kapcsolatba a következő címen:
urimbook@hotmail.com

v

ELŐSZÓ

Kívánom, értsétek meg Isten szívét és szándékát, és vessetek szilárd alapot hiteteknek.

A Kereszt Üzenete számtalan embert vezetett a megváltás útjára 1986 óta, s általa a Szentlélek számtalan csodát vitt véghez a külföldi evangelizációs körutak során. Istenünk, édes Atyánk végre megáldott azzal, hogy kiadhatom. Dicsőség és hála adassék neki!

Sokan azt mondják, hogy hisznek a Teremtőben, és megtapasztalták fia, Jézus Krisztus szeretetét, de nem tudják evangéliumát hirdetni. Sőt, kevés keresztény érti meg Isten szívét és gondviselő szeretetét. Ezenkívül sok keresztényt az választ el Istentől, hogy soha nem kaptak világos választ a Bibliával kapcsolatos kérdéseikre, és nem értik az Isten szeretetében rejlő titokzatos gondviselő értelmet sem.

Mit válaszolnál például a következő három kérdésre: Miért teremtette Isten a tudás fáját, és miért hagyta, hogy az ember egyen a gyümölcséből? Miért teremtette Isten a poklot, ha feláldozta Fiát, Jézus Krisztust a bűnösökért? És miért Jézus az egyedüli Megváltó? Keresztényi életem első éveiben nem értettem azt a titokzatos és mélységes gondviselő szeretetet, mely Isten teremtő aktusában és a keresztben rejlik. Miután elhivattam az evangélium hirdetőjének, folyton az a kérdés foglalkoztatott, hogy miként vezethetnék sok-sok embert a megváltás útjára, miként dicsőíthetném Istent. Ráébredtem, hogy Isten közvetítése által megérthetem a Biblia minden egyes szavát, köztük a nehezen érthető igéket is, és hirdetnem kell azokat az egész világon. Böjtöltem, ahányszor csak tudtam, és imádkoztam, hogy ez beteljesülhessen.

1985-ben, miközben elmélyülten imádkoztam, elteltem a Szentlélekkel. Magyarázni kezdte Isten titkos gondviselését, mely az idők elején elrejtetett szemünk elől. Így született meg „A Kereszt Üzenete." 21 héten keresztül minden vasárnap délelőtti istentiszteleten ezt hirdettem. „A Kereszt Üzenete" hangfelvétele számtalan emberben hagyott mély nyomot bel- és külföldön egyaránt. Valahányszor „A Kereszt Üzenetét" hirdettem, a Szentlélek perzselő tűzként dolgozott. Sokan megbánták bűneiket és kigyógyultak betegségeikből. Elvetették Isten gondviselésével kapcsolatos kételyeiket, s igaz hitet és örökéletet nyertek. Addig nem ismerték igazán Istent és az Ő mélységes szeretetét. Most érteni kezdték Isten tervét, megtapasztalták Őt, s üzenete által reménykedni kezdtek az örökéletben.

Ha világosan megértjük, miért helyezte Isten a jó és gonosz tudásának fáját az Édenkertbe, megérthetjük a gondviselő szeretetet is, ami az emberiség történelmének alakításában rejlik, és még jobban szeretjük majd Istent. Továbbá, ha megismerjük életünk igazi értelmét, küzdeni tudunk majd bűneink ellen, mindent megtehetünk azért, hogy a mi Urunk Jézus Krisztus szívére hasonlítsunk, és hűek lehetünk Istenhez mindhalálig.

A Kereszt Üzenetéből megérthetjük Isten titokzatos gondviselő szeretetét, ami a keresztben rejlik, és ami által biztos alapja épül majd igaz és jó keresztényi életünknek. Ezért aki elolvassa ezt a könyvet, megérti majd Isten mélységes gondviselését és szeretetét, igaz hitet nyer, s az Ő szemének kedves keresztényi életre tér.

Köszönöm a szerkesztőség vezetőjének és tagjainak, akik mindent megtettek e könyv megjelenéséért. Köszönöm a fordítási tevékenységet összehangoló munkacsoportnak is.

Bárcsak minél több ember megértené Isten mélységes gondviselő szeretetét, megtalálná a szeretet Istenét, és elnyerné a megváltást mint Isten igazi gyermeke - mindezért imádkozom az Úr Jézus Krisztus nevében!

Jaerock Lee

ix

BEVEZETŐ

A Kereszt Üzenete maga Isten bölcsessége és hatalma, és mondanivalóját a világ minden keresztényének szívébe kell zárnia!

Dicsőség és hála az Atya Istennek, aki elvezetett bennünket A Kereszt Üzenete kiadásához. A Manmin egyház tagjai világszerte várva várták a megjelenését. Ez a könyv világos választ ad sok kérdésre, amik a keresztényeket foglalkoztatják: Milyen volt a Teremtő Isten a kezdetek előtt? Miért teremtette Isten az embert erre a földre? Miért helyezte Isten a jó és gonosz tudásának fáját az Édenkertbe? Miért küldte el Isten egyszülött Fiát engesztelő áldozatul? Mi célból tervezte el Isten a megváltást a fakereszt által? és még sok hasonló kérdésre.

E könyv Dr. Jaerock Lee átszellemült szentbeszédeit tartalmazza, melyekből megismerheted és megértheted Isten hatalmas, mélységes és mindent átfogó szeretetét.

Az első fejezet: *A Teremtő és a Biblia* megismerteti az olvasóval Istent és munkáját, melyet köztünk végez. Ez a fejezet bizonyítékokkal szolgál Isten létére, és az emberiség történelmének révén bebizonyítja a Biblia igazát. Sőt, azt is bebizonyítja, hogy a törzsfejlődés elmélete valótlanság, a teremtéselmélet pedig igaz.

A második fejezet: *Isten megteremti az embert, és gondját viseli* bebizonyítja, hogy Isten teremtette az egész Világegyetemet, és a saját képére formálta az embert. Emellett fejezetünk megtanít az emberi élet valódi értelmére meg arra, hogy mi a célja Istennek, amikor az embereknek szellemi gyermekeiként gondjukat viseli.

A harmadik fejezet: *A jó és gonosz tudásának fája*, megválaszolja minden keresztény legfontosabb kérdését: Miért teremtette Isten a jó és gonosz tudásának fáját? Ez a fejezet részletesen elmagyarázza ennek okát, és segít nekünk megérteni a mélységes szeretetét és titokzatos gondviselő munkáját Istennek, aki az embereket gyermekeiként neveli a földön.

A negyedik fejezet: *A titok, mely az idők kezdete előtt elrejtetett*, elmagyarázza a kapcsolatot a földmegváltás törvénye és az emberi megváltás szellemi törvénye közt (3 Móz 25). Azt is elmondja, hogy minden emberre halál várt a bűneik miatt, de Isten már az idők kezdetei előtt csodás módot tervelt ki a megváltásukra. Végül pedig megtanít arra, miért rejtette el Isten a megváltás módját az általa megválasztott időpontig, és miért elégíti ki Jézus a földmegváltás törvénye feltételeit.

Az ötödik fejezet: *Miért nem lehet más Megváltónk Jézuson*

kívül? elmagyarázza, hogy Isten az emberek megváltására vonatkozó tervét, melyet az idők kezdetei előtt elrejtett, Jézus töltötte be, elmagyarázza az okot, amiért keresztre feszítették Őt, a jogokat és áldásokat, melyekben Isten gyermekei részesülnek, a Jézus Krisztus név jelentését, azt, hogy miért egyedül a Jézus Krisztus név által váltathatnak meg az emberek, és így tovább. Ha megértjük ennek a fejezetnek az üzenetét, érezni fogjuk Isten mérhetetlen szeretetét.

A hatodik fejezet: *A kereszt mint a gondviselés eszköze* megismertet bennünket Jézus szenvedéseinek mélységes értelmével. Miért született Jézus istállóban, miért fektették jászolba, ha tényleg Isten fia? Miért volt szegény egész életében? Miért korbácsolták meg egész testét, miért tettek fejére töviskoronát, miért döfték át szegekkel kezét-lábát? Miért szenvedett annyira, hogy vért és vizet ontott?

Ez a fejezet világos választ nyújt a hasonló kérdésekre, és segít megérteni szenvedéseinek szellemi értelmét. Mindenféle betegség és egyéb probléma: szegénység, családi perpatvarok, üzleti gondok megoldódnak, ha megértjük Jézus szenvedésének szellemi jelentését és hinni kezdünk benne. Általa megismerhetjük Isten mélységes szeretetét, megküzdhetünk minden gonosszal, és részesei lehetünk az isteni természetnek.

A hetedik fejezet: *Jézus utolsó hét szava a keresztfán* megmagyarázza az értelmét Jézus utolsó hét szavának, melyeket közvetlenül halála előtt ejtett ki a keresztfán. Utolsó hét szava által beteljesítette Atyjától kapott küldetését. E fejezet hangsúlyozza, hogy meg kell értenünk Jézusnak az emberiség iránt táplált nagy-nagy szeretetét, várnunk kell második eljövetelére, és meg kell harcolnunk harcunkat a feltámadás reményében.

A nyolcadik fejezet: *Igaz hit és örökélet* elmondja, hogy csak az igaz hit által válhatunk eggyé vőlegényünkkel, Jézus Krisztussal. A Biblia figyelmeztet, hogy vannak, akik hisznek a Megváltó Jézus Krisztusban, de az Ítélet Napján mégsem menekülhetnek meg. A Biblia nemcsak arra helyez súlyt, hogy elfogadjuk Jézus Krisztust, hanem arra is, hogy együnk az ember Fiának testéből és igyunk a véréből, hogy az örök megváltást elérjük. Ha eszünk a testéből és iszunk a véréből, igaz hitet nyerünk, ami elvezet a megváltás útjára. Ez a fejezet megtanít bennünket az igaz hit természetére is, hogy miként nyerhetjük el, és mit kell tennünk a teljes megváltásért.

A kilencedik fejezet: *Víztől és Lélektől születni* előbb említést tesz Jézus és Nikodémus beszélgetéséről. Ez a beszélgetés a Kereszt üzenetének betetőzése. Szívünknek folyamatosan meg kell újhodnia víz és a Szentlélek által, míg csak Jézus Krisztus vissza nem tér, és folttalanul kell megőriznünk teljes szellemünket, lelkünket és testünket az Úr Jézus Krisztus második eljöveteléig, amikor az Úr elfogad bennünket, mint az Ő gyönyörű menyasszonyát.

A tizedik fejezet: *Mi az eretnekség?* az eretnekség természetét vizsgálja; bemutatja a keresztények ezzel kapcsolatos elképzeléseit és tévhiteit. Manapság sokan tévesen eretnekségnek bélyegzik Isten megannyi látványos művét, mert nem ismerik az eretnekség bibliai meghatározását. E fejezet felhívja figyelmünket, hogy a Szentlélek művét soha ne mondjuk eretnekségnek, és utat mutat, hogy miként lehet megkülönböztetni az igazság Lelkét a hamisság lelkétől, és melyek az eretnek felekezetek. Végül pedig ez a fejezet kiemeli, hogy folyamatosan figyelnünk és imádkoznunk kell, és az igazságban kell lakoznunk, hogy ne kísértsen meg a hamisság lelke.

Pál apostol így beszél a kereszt üzenetéről, Isten bölcsességéről az 1 Kor 1,18-ben: „*Mert a keresztről való beszéd bolondság ugyan azoknak, akik elvesznek; de nekünk, kik megtartatunk, Istennek ereje.*" Bárki nyerhet igaz hitet, megismerheti az élő Istent, és teljes értékű keresztény életet élhet, ha megérti a keresztbe rejtett üzenetet, és megérti, hogy a gondviselésben Isten szeretete munkálkodik.

A Kereszt Üzenete életünk legalapvetőbb tanítása. Épp ezért imádkozom az Úrhoz azért, hogy az olvasó alapozza meg általa keresztény életét, és érje el a teljes megváltást és az örökéletet.

Geumsun Vin
A kiadói tanács elnöke

TARTALOMJEGYZÉK

1. fejezet

A Teremtő és a Biblia

- A világot Isten teremtette
- VAGYOK A KI VAGYOK
- Isten mindentudó és mindenható
- A Biblia szerzője Isten
- A Biblia minden szava igaz

*Kezdetben teremté
Isten az eget és a földet.*

1 Móz 1,1

A világot Isten teremtette

Manapság számtalan könyv van a világon, de egyedül a Biblia szolgáltat részletes és világos választ a világegyetem eredetére és megteremtésére, valamint az emberi faj kezdeteire és végére vonatkozóan. A Biblia világos választ ad a világegyetem és élet eredetének kérdésére. 1 Móz 1,1-ben olvashatjuk: *„Kezdetben teremté Isten az eget és a földet"*, a Zsid 11,3-ban meg ezt: *„Hit által értjük meg, hogy a világ Isten beszéde által teremtetett, hogy a mi látható, a láthatatlanból állott elő."* Nem minden, ami látható, született már létező dologból. A semmiből teremtetett Isten parancsoló szavára.

Az ember képes teremteni valamit egy már létező dologból, azaz átalakítani vagy kombinálni már létező anyagokat, hogy valamit teremtsen, de a semmiből nem képes valamit teremteni.

Elképzelhetetlen, hogy az ember élőlényt tudna teremteni. Hiába fejlesztett ki tudományos módszereket a mesterséges intelligencia létrehozására vagy a bárányok klónozására, még egy amőbát sem tud a semmiből előállítani.

Emiatt az emberek csupán kivonnak élőlényeket Isten által teremtett dolgokból, és különféle módokon kombinálják őket. Tudnunk kell, hogy mindössze erről van szó.

Tudnunk kell, hogy csak Isten képes valamit teremteni a semmiből. Csak a Teremtő teremtette a világegyetemet, és ő irányítja az egész világegyetemet, világtörténelmet, életet és halált, az emberiség jó- és balsorsát.

Bizonyítékok a Teremtő létezésére

Mindent: a házakat, asztalokat, még a szögeket is megtervezte valaki. Nyilvánvaló, hogy ennek a hatalmas világegyetemnek is kell lennie teremtőjének. Kell lennie egy tulajdonosának, aki megteremtette, és aki irányítja. Ez maga a Teremtő, akiről a Biblia annyit beszél.

Amikor körülnézünk, bőven látunk bizonyítékot a teremtésre. Egy könnyű példa: nézzük a Földön élő rengeteg embert. Fajtól, kortól, nemtől, társadalmi helyzettől stb. függetlenül mindenkinek két szeme, két füle, egy orra és két orrlyuka, egy szája van.

Bár minden állatfaj különbözik valami apróságban a többitől, az arcstruktúrájuk ugyanaz. Az elefántnak például hosszú ormánya van, de arca közepén található, a szája fölött. Nem a szeme fölött, szája alatt vagy feje tetején van. Minden elefántnak két orrlyuka, két szeme, két füle és egy szája van. A lég minden madarának, az óceán és a folyók minden halának ugyanaz a struktúrája.

Amellett, hogy minden állatnak ugyanaz az arcstruktúrája, minden emlős emésztő- és szaporítórendszere is megegyezik. Hasonlóképpen, mindegyik a szájával fogyasztja el az élelmet, és ami bejut a szájába, a gyomorba jut, majd távozik a testéből.

Minden emlős ellenkező nemű emlősökkel párosodik és utódokat hoz a világra.

Ha ezeket a nyilvánvaló tényezőket összerakjuk, lehetetlen azt mondanunk, hogy véletlenről van szó, vagy az evolúció bizonyítékáról, amit „a természetes kiválasztódás" idéz elő. E tények egyikére sem lehet magyarázatot találni a törzsfejlődés elméletének útján.

Így hát az, hogy az embernek és állatoknak ugyanaz a felépítésük, elegendő bizonyítéka annak, hogy mindent Isten tervezett meg és teremtett. Ha nemcsak egy Isten létezne, hanem több, a teremtményeknek különböző számú szervei és különböző testfelépítésük lenne.

Emellett, ha közelebbről megnézzük a természetet és a világegyetemet, további bizonyítékokat találunk a teremtés tényére. Milyen fantasztikus tudni, hogy a Naprendszer minden része, például a Földnek a Nap és az önmaga körüli forgása is a legkisebb hiba nélkül folyik!

Nézzük a karóránkat: rengeteg bonyolult alkatrész van benne. Ha a legkisebb is hiányozna, nem működne. Ugyanígy a Világegyetem is csak Isten gondoskodása által működik.

Például sem ember, sem egyéb életforma nem létezhetne, ha a Hold nem keringene a Föld körül. A Hold sem közelebb, sem távolabb nem lehetne egy kicsit sem a Földtől a jelenlegi helyzeténél. Isten a megfelelő távolságra helyezte, hogy a földön élhessen ember.

A Hold jelenlegi helyzete miatt a vonzerejéből született gravitáció okozza a tengerek árapályát. Az árapály révén a tenger felrázódik és megtisztul. Hasonlóképpen a világegyetemben mindent a legtökéletesebbre teremtett az isteni gondviselés.

Miért nem hisznek egyesek a Teremtőben?

Vannak, akik hisznek a Teremtőben, és az Ő Igéje szerint élnek. Hogy lehet, hogy olyan emberek, akik tudnak érvelni és választ találni mindenre a tudomány útján, nem hisznek a Teremtőben? Ha az ember már gyermekkorában megtudja hívő keresztényektől, hogy Isten él, és Ő a mindenható Teremtő, nem nehéz hinni benne. De manapság sokunkra van befolyással a törzsfejlődés elmélete már tizenéves korban, és rengeteg „ismeret" létezik, amely nem feltétlenül igaz. Sok olyan barátunk is van általában, akik nem hisznek Istenben, vagy kételkednek Őbenne.

Miután ilyen környezetben éltünk, ha elmegyünk templomba és halljuk Isten igéjét, gyakran kétség és ellentmondásos gondolatok rabjaivá válunk, és nem tudunk hinni a Teremtőben, mert előzetes ismereteink ellentmondanak annak, amit a templomban tanulunk és hallunk.

Amíg nem szabadulunk meg a gondolatoktól és ismeretektől, amit a világban tanultunk, még ha rendszeresen jártunk is templomba, nem lehet szellemi, Isten ajándékozta hitünk, ami minden kétségtől távol áll.

Szellemi hit nélkül nem lehet hinni a mennyek országában, sem a pokolban. A látható világot tartjuk az egyedülinek, és saját fejünk után élünk. Hányszor láttuk, hogy előzőleg elfogadott elméleteket újabb elmélet helyettesít? Még akkor is, ha nem pont erről van szó, igaz, hogy hagyományos elméleteket és állításokat folyamatosan átírtak és kiegészítettek később újonnan felfedezett tényekkel.

Ahogy múlik az idő és fejlődik a tudomány, az emberek egyre jobb magyarázatokat és elméleteket dolgoznak ki, még akkor is, ha nem tökéletesek. Nem akarom azt mondani, hogy minden tudós következtetése helytelen. Ennek ellenére sok dolog van a földön, amit emberi ésszel nem lehet megmagyarázni, és ezt tudomásul kell venni.

Például, ha már a világegyetemről van szó, soha nem voltunk a világegyetem túlsó végében, és a múltban sem jártunk soha. De az emberek különféle hipotézisekkel meg elméletekkel próbálják magyarázni a Világegyetemet.

Mielőtt az ember eljutott volna a Holdra, azt mondtuk, hogy talán vannak életformák ott, vagy a Naprendszer más tájain. De a holdraszállás után bejelentettük, hogy semmiféle életforma nem található ott. Manapság a tudósok azt mondják: „Lehet, hogy a Marson van élet", vagy: „Víznyomokat találtak a Vörös Bolygón."

Hiába kutat az ember sokáig és gyűjti az ismereteket, ha nem ismeri a Teremtő akaratát, szeretetét és hatalmát, végül el kell fogadnia az emberi lehetőség határait.

Emiatt a Róm 1,20-ban a következőket írja: „*Mert a mi Istenben láthatatlan, tudniillik az ő örökké való hatalma és istensége, a világ teremtésétől fogva az ő alkotásaiból megértetvén megláttatik; úgy, hogy ők menthetetlenek.*"

Aki kitárja szívét és elmélkedik, érezheti Isten hatalmát és isteni természetét a teremtett dolgok, például a Nap, a Hold és a csillagok által – melyek által Isten lehetővé teszi, hogy tudomást szerezzünk létezéséről és higgyünk benne.

VAGYOK A KI VAGYOK

Amikor tudomást szereznek a Teremtő létéről, sokan felteszik a következő kérdéseket: Hogyan született a Teremtő? Honnan jön? Hogy néz ki? Az emberi tudásnak és gondolkodásnak van egy korlátja: szerinte mindennek van kezdete és vége. Ezért világos választ kívánunk a hasonló kérdésekre. Ám Isten léte az emberi felfogás határain túl van, úgyhogy Ő az, aki VOLT, VAN és LESZ.

A 2 Móz 3 leír egy jelenetet, melyben Isten megparancsolta Mózesnek, hogy a zsidókat vezesse Kánaán földjére. Mózes erre megkérdezte Istent, mit feleljen a zsidóknak, ha megkérdezik, mi a neve Istennek.

Ekkor Isten azt mondta Mózesnek: *„VAGYOK A KI VAGYOK"*, és megparancsolta, hogy mondja a következőket a zsidóknak: *„A VAGYOK küldött hozzátok"* (2 Móz 3,14).

Isten a VAGYOK szóval nevezte meg magát, ami azt jelenti, hogy senki nem szülte Őt vagy teremtette Őt, hanem Ő a tökéletes lény, maga a Teremtő.

Isten hanggal rendelkező világosság volt a kezdetekben

Ján 1,1-ben ezt olvashatjuk: „*Kezdetben vala az Ige, és az Ige vala Istennél, és Isten vala az Ige.*" Azaz Isten, aki a kezdetekben maga volt a Világ, olyan lény volt, aki tökéletesen létezett anélkül, hogy valaki teremtette volna. Hogyan és hol létezett?

Isten Lélek, tehát az Ige formájában létezett a negyedik dimenzióban, a szellemi világban és nem a harmadik, látható dimenzióban. Istennek nem volt alakja, hanem mélységes, gyönyörű fény volt tiszta, érthető hanggal, és Ő uralkodott az egész Világegyetem felett.

Ezért írja 1 Jn 1,5: „*És ez az üzenet, a melyet tőle hallottunk és hirdetünk néktek, hogy az Isten világosság és nincsen ő benne semmi sötétség.*" Ennek szellemi jelentése van: Isten minőségét jelöli, aki a világosság volt a kezdetekben.

A Teremtő az idők kezdetei előtt létezett, eltervezte, hogy igazi szellemi gyermekeket nevel magának, és neki is fogott a dolognak. Ezért, ha teljes egészében megértjük a VAGYOK Istent, meg kell szabadulnunk korábbi gondolkodásmódunktól, elméleteinktől, sztereotípiáinktól, és attól fogva el kell fogadnunk Isten művét és teremtését.

Az Isten teremtette dolgoktól eltérően az ember készítette dolgoknak korlátai és hibái vannak. A tudás és civilizáció folyamatos fejlődésével a termékek minősége is javul, de még mindig bőven vannak hiányosságaik.

Van, aki bálványokat készít aranyból, ezüstből, bronzból és fémből, és istennek nevezi őket, meghajol előttük és imádkozik hozzájuk. Csak faragott, öntött képek ezek, melyek nem tudnak lélegezni, beszélni, még a szemüket sem tudják behunyni. (Hab 2,18-19).

Bár bölcsnek vallják magukat, az emberek nem tudnak különbséget tenni igazság és hazugság között, hanem képmásokat csinálnak maguknak és azokat isteneiknek nevezik, akiket imádnak (Róm 1,22-25). Bizony balgatag és szégyenletes dolog ez!

Ezért, ha az emberek hamis isteneket imádtak és szolgáltak, mert nem tudtak Istenről, most alaposan meg kell bánniuk ezt, a VAGYOK Istent kell imádniuk és tenniük kell gyermeki kötelességüket iránta.

Isten mindentudó és mindenható

A Teremtő, aki a Világegyetemet teremtette, a tökéletes lény, aki az idők kezdete előtt létezett, és mindentudó és mindenható. A Biblia számos csodát feljegyez, melyet emberi hatalommal és tudással lehetetlen véghezvinni.

A mindentudó és mindenható Istennek, aki ugyanaz tegnap, ami ma, eme csodás műveit az ó- és újszövetségi időkben egyaránt művelték Isten által küldött emberek, akik bírtak az Ő erejével.

Ez azért van, mert, ahogy Jézus is megmondta a Jn 4,48-ban: „Ha jeleket és csodákat nem láttok, nem hisztek" Az emberek csak akkor hisznek, ha látják a Mindenható műveit.

Isten csodák és jelek által üzen

Mózes 2. Könyve részletesen leírja, hogy a mindentudó és mindenható Isten csodák és jelek által üzent Mózessel, amikor a zsidókat kihozta Egyiptomból a Kánaán földjére.

Például, amikor Isten elküldte Mózest a Fáraóhoz, Egyiptom királyához, tíz csapást mért rá és népére, a zsidók száraz lábbal keltek át a kettéválasztott Vörös-tegeren, a pánikba esett egyiptomi sereget meg elsodorta a bezúduló ár.

Még a Kivonulás után is víz tört fel a sziklából, amikor Mózes rácsapott botjával, a keserűvíz édesvízzé változott, és manna hullt az égből, miáltal több millió ember a nélkül élhetett, hogy a betévő falatért kellett volna aggódniuk.

Az Ószövetség további részeiben olvashatjuk, hogy Isten képessé tette Illést, hogy előidézzen három és fél év aszályt, majd ismét esőt hozzon imádság által, és feltámassza a halottakat.

Az Újszövetségben láthatjuk, hogy Jézus, Isten Fia feltámasztotta Lázárt, aki már négy napja halott volt, felnyitotta a vakok szemét, és sok, különféle nyavalyákban szenvedő és gonosz lelkek által megszállott embert meggyógyított. Járt a vízen és lecsendesítette a szelet meg a hullámokat.

Isten rendkívüli csodákat vitt véghez Pál keze által, hogy ha csak kendőket vagy kötényeket vittek is az ő testétől a betegeknek, azokból eltávoztak a betegségek és a gonosz lelkek (ApCsel 19, 11-12). Pétert, Jézus egyik legjobb tanítványát számos jel kísérte. Az utcákra hozták ki a betegeket, és letették ágyakon és nyoszolyákon, hogy az arra menő Péternek legalább az árnyéka érje valamelyiket közülük (ApCsel 5,15).

Emellett Isten jeleket mutatott István és Fülöp által a Bibliában, és a mai napig is jeleket mutat egyházunk által.

A Biblia szerzője Isten

Isten Lélek, azaz láthatatlan, de sokféle módon megmutatkozott már. Isten általában a természetben mutatkozik meg, különösen olyan emberek tanúsága által, akiket meggyógyított, és akiknek választ adott. Aprólékosan megmutatkozik a Bibliában is.

A Biblia segítségével megismerheted az egy igaz Istent, találkozhatsz vele, és üdvösséget és örökéletet nyerhetsz Isten művének beteljesítése által. Ráadásul sikeres életet élhetsz, és dicsőítheted Istent, mert megérted Isten szívét, és azt, hogy miként szeresd Őt, és miként teheted lehetővé, hogy ő szeressen. (2 Tim 3,15-17).

A Szentírás Isten lehelete

2 Pt 1,21-ben ezt írja: *„Mert sohasem ember akaratából származott a prófétai szó; hanem a szent Lélektől indíttatva szólottak az Istennek szent emberei",* 2 Tim 3,16-ben pedig ezt: *„A teljes írás Istentől ihletett."* Ez azt jelenti, hogy a Biblia Mózes Első Könyvétől a Jelenések Könyvéig Isten igéje, ami Isten akaratából vettetett papírra.

Ezért sok helyen ír ilyesmiket: „Isten mondta", „az Úr mondta", „az Úr Isten mondta". Ez igazolja, hogy a Bibliát nem ember, hanem Isten írta. A Bibliának 66 könyve van, közülük 39 az Ószövetséghez, 27 meg az Újszövetséghez tartozik. Íróinak számát 34-re becsülik. Születésének ideje Kr. e. 1500 – Kr. u. 100, vagyis 1600 éven át íródott. A legcsodálatosabb az, hogy bár megalkotásában sokan vettek részt, a Biblia teljesen összefüggő elejétől végéig, és minden egyes ige összhangban áll a többivel. És a 34,16-ban ezt írja: „Keressétek meg majd az Úr könyvében, és olvassátok: ezeknek egy híjok sem lesz, egyik a másiktól el nem marad; mert az Ő szája parancsolta, és az ő lelke gyűjté össze őket!"

Ez azért történhetett meg, mert a Biblia valódi szerzője Isten, mert a Szentlélek uralta az írók szívét, Ő adta szájukba a szavakat. Soha ne feledjük: a Biblia írói csak eszközök voltak, akik Isten szavait jegyezték le; az eredeti szerző maga Isten.

Vegyünk egy példát. Tegyük fel, hogy van egy idős anya, aki vidéken él. Levelet küld a fiatalabb fiának, aki városon tanul. Nem tud írni, ezért levelét idősebb fiának mondja tollba. Amikor a fiatalabb gyermek megkapja a levelet, úgy fogja fel, hogy az anyja küldte a levelet, nem a bátyja, bár tulajdonképpen a bátyja írta. Pontosan így van ez a Biblia esetében is.

Isten szerelmeslevele tele van áldással és ígérettel

A Bibliát Isten Szentlélektől eltelt szolgái vetették papírra, hogy felfedjék Isten létét. El kell fogadnunk a tényt, hogy a Biblia a hűséges Isten igéje, aki ez által fedi fel magát.

Isten igéje lélek és élet (Jn 6,63), tehát aki hallja és hisz benne, örök életet nyer, lelke kivirágzik az élettől. Aki hisz Isten igéjében és engedelmeskedik neki, arra jólét vár, és tökéletes istenfélő ember lesz Jézus Krisztus példáját követve.

Isten azért vált testté és szállt le a földre, hogy megmutassa magát az emberiségnek, és ez a test Jézus volt. Filep, Jézus egyik tanítványa nem tudta ezt, és arra kérte Jézust: mutassa meg neki Istent. Nem fogta fel, hogy Jézus a megtestesült Isten, mintha általa a közmondás válna valóra: A fáklya nem a tövénél ragyog.

Jn 14,8-ban és a következő igékben olvashatjuk Filep és Jézus párbeszédét:

Monda néki Filep: Uram, mutasd meg nékünk az Atyát, és elég nékünk! Monda néki Jézus: Annyi idő óta veletek vagyok, és még sem ismertél meg engem, Filep? a ki engem látott, látta az Atyát; mimódon mondod azért te: Mutasd meg nékünk az Atyát? Nem hiszed-é, hogy én az Atyában vagyok, és az Atya én bennem van? A beszédeket, a melyeket én mondok néktek, nem magamtól mondom; hanem az Atya, a ki én bennem lakik, ő cselekszi e dolgokat. (Jn 14,8-10).

Bár Jézus meggyőző módon bebizonyította, hogy Ő és Isten egyek a csodákkal, melyeket Isten ereje nélkül lehetetlen lett volna végrehajtania, Filep azt akarta, hogy Jézus mutassa meg neki az Atyát. Jézus azt mondta, ugyanúgy higgyen a beszédekben, melyeket mond neki, mint a csodákban.

Isten azért jött el testté válva a világra, hogy megmutassa magát, és Isten azért íratta le a Bibliát, mert az emberek emberi szemmel nem láthatják meg Őt.

Így hát részesülhetünk az áldásokból és kérdéseinkre a válaszokból, melyeket Isten ígér a Bibliában, ha értékes szövetséget kötünk az élő Istennel a Biblia által, ismerjük akaratát és gondviselő szeretetét, és engedelmeskedünk az Igének.

A Biblia minden szava igaz

A történelmi dokumentumokból megismerhetjük a múlt egy bizonyos pillanatának embereit, eseményeit. A történelem beszámoló az idő során bekövetkező változásokról, és általa részletes adatokat tudhatunk meg az illető kor tárgyairól, embereiről, életmódjáról.

Az emberiség története bebizonyította, hogy a Biblia igazat mond. Különösen akkor bizonyosodhatunk meg, hogy a Biblia történelmileg hiteles, ha alaposan megvizsgáljuk a Bibliában feljegyzett eseményeket, embereket, helyszíneket és szokásokat.

Mivel az Ószövetséget valóban objektív tények miatt őrizte meg a hagyomány, például fontos vagy kevésbé fontos adatok miatt, amik egyénekkel, népekkel vagy közösségekkel történtek Ádám és Éva ideje óta, Izrael az Ószövetséget népe szent és történelmi hitelességű dokumentumának és örökségének tartja a mai napig.

A történelem igazolja a Biblia igaz voltát

Először is szeretném a Biblia alapján elmesélni nektek Izrael történetét, és bebizonyítani, hogy Isten Igéje, ami írva vagyon a Bibliában, igaz.

Ádám, az emberiség ősatyja vétkezett Isten ellen, ezért attól fogva minden leszármazottja a bűn útját járta, és a nélkül élt, hogy Istent, Teremtőjét ismerné. Akkor Isten kiválasztott egy népet, és úgy döntött, hogy általa mutatja meg akaratát és gondviselő szeretetét.

Isten elhívta Ábrahámot, akinek a legjobb szíve volt, tanította, és hitatyává tette. Ábrahám nemzé Izsákot, Izsák nemzé Jákobot, és Isten Jákobot elnevezte Izraelnek, és tizenkét fiából tizenkét törzset teremtett.

Jákobot Isten átvitte Egyiptomba, és úgy intézte, hogy népet alapítson: megsokasította sarjait, s végül elvezette őket Kánaán földjére.

Isten Mózesnek átadta a Törvényeket a pusztában, megtanította a zsidókat, hogy törvénye szerint éljenek, és Igéje által utat mutatott nekik. Miután elvezette őket Kánaán földjére, a zsidók csak akkor éltek bőségben, amikor engedelmeskedtek Isten szavának. Amikor Izrael bálványt imádott és rosszat cselekedett, népének ereje hanyatlott, és idegen hódítók törtek rá. A zsidókat börtönbe vetették, elvitték rabszolgának. Amikor megbánták bűneiket, népük jóléte visszatért. Ez a körforgás újra és újra megismétlődött.

Eképpen Isten Izrael történetén keresztül minden népnek megmutatja, hogy Isten él, és mindent az Igéjével irányít.

Azt is láthatjátok, hogy a Biblia próféciái beteljesültek, és folyamatosan beteljesülnek. Például Lk 19,43-44-ben Jézus Jeruzsálem pusztulását megjósolva ezt mondta:

Mert jőnek reád napok, mikor a te ellenségeid te körülted palánkot építenek, és körülvesznek téged, és mindenfelől megszorítanak téged, és a földre tipornak téged, és a te fiaidat te benned; és nem hagynak benned követ kövön; mivelhogy nem ismerted meg a te meglátogatásodnak idejét.

Ezekben az igékben Jézus arra utalt, hogy Jeruzsálem városa elpusztíttatik lakói gonoszsága miatt. A jóslat K.u. 70-ben teljesült be, amikor Titus római hadvezér sáncot húzott fel Jeruzsálem körül, körülfogta, és sok lakost megölt a falakon belül. Ez mindössze 40 évvel Jézus jóslata után történt.

Jézus azt mondta Mt 24,32-ben: *„A fügefáról vegyétek pedig a példát; mikor az ága már zsendül, és levelet hajt, tudjátok, hogy közel van a nyár"* Itt a fügefa a zsidó népet jelképezi, és a példázat arra tanít, hogy Izrael akkor lesz független, amikor közeleg Jézus második eljövetele. Végre a történelem igazolta, hogy Istennek ez az igéje is beteljesedett, amikor Izrael, ami K.u.. 70-ben elpusztult, csodálatosképp újjáalakult 1948. május 14.-én – 1900 évvel pusztulása után.

Az Ószövetség próféciája és beteljesülése az Újszövetségben

Tanúsítom, hogy Istennek a Bibliában leírt igéje igaz: a következőkben levezetem, hogyan teljesült be az Ószövetség próféciája az újszövetségi időkben. Az Ószövetség Törvénye nem volt tökéletes mód arra, hogy Isten igaz gyermekeket nyerjen általa. Csak árnyéka volt az Istenről való bizonyosságnak. Ezért ígérte meg Isten az Ószövetségben a Messiás eljövetelét. Amikor elérkezett az idő, elküldte Jézus Krisztust, hogy beváltsa ígéretét. Kétségtelen, hogy Jézus körülbelül 2000 éve jött el a földre. A nyugati történelmet kétfele osztja Jézus születése. A Krisztus előtti évszámok elé a K.e., az azt követők elé meg a K.u. betűket írjuk. Maga a történelem is bizonyítja Jézus születését.

Nézzük meg először is 1 Móz 3,15-t:

És ellenségeskedést szerzek közted és az asszony között, a te magod között, és az ő magja között: az neked fejedre tapos, te pedig annak sarkát mardosod.

Ez az ige megjósolta, hogy Megváltónk, az asszony magja eljön, és megsemmisíti a halál hatalmát. Ebben az igében az „asszony" valójában Izraelre vonatkozik. És tényleg, Jézus József fiaként jött el a földre, aki Júda izraeli törzséhez tartozott (Lk 1,26-32).

És a 7,14-ben ezt olvashatjuk: *„Ezért ád jelt néktek az Úr maga: Ímé, a szűz fogan méhében, és szül fiat, s nevezi azt*

Immánuelne."
Ebből az következik, hogy Isten el fogja küldeni Fiát, hogy vezekeljen az emberek bűneiért azáltal, hogy a Szentlélektől fogantatik. És valóban, Jézus a Szűz Máriától fogantatott a Szentlélek által (Mt 1,18-25).

A prófécia szerint Jézusnak Betlehem környékén kellett megszületnie, ahogy Mik 5,2-ben is olvashatjuk:

De te, Efratának Betleheme, bár kicsiny vagy a Júda ezrei között: belőled származik nékem, a ki uralkodó az Izráelen; a kinek származása eleitől fogva, öröktől fogva van.

Ezt az Igét beteljesítve Jézus a júdeai Betlehemben született Heródes király ideje előtt.

Isten megjósolta és beteljesítette azt is, hogy Heródes lemészárolja a kisdedeket Jézus születésekor (Jer 31,15; Mt 2,16), Jézus bevonul Jeruzsálembe (Zak 9,9; Mt 21,1-11), és Jézus a Mennybe megy (Zsolt 16,10, ApCsel 1,9).

Megjósoltatott és beteljesedett Júdás Iskarióta árulása is, aki 3 évig követte Jézust (Zsolt 41,9) és elárulta Jézust harminc ezüstért (Zak 11,12).

Így hát bizton hihetitek, hogy a Biblia igaz, és valóban Isten igéje, különösen látva, hogy az Ószövetség minden próféciája beteljesedett.

A Biblia azon jóslatai, amik ezután fognak beteljesedni

Amikor Jézus Krisztust Isten Megváltónkká tette, minden ószövetségi próféciát beteljesített újszövetségi időkben. Minden egyes Jézusra, Izrael és az emberiség történelmére vonatkozó prófécia hiba nélkül beteljesedett. A világtörténelem vizsgálata arra az eredményre vezet, hogy a Biblia próféciái mind valóra váltak vagy valóra fognak válni.

Az ószövetségi és újszövetségi idők prófétái is megjósolták egy világhatalom felemelkedését és elbukását, Jeruzsálem pusztulását és újjáépítését, és sok eljövendő dolgot, ami fontos személyekkel esett meg. A Biblia sok jóslata valóra vált vagy most válik valóra, s az emberekre még vár Jézus Második Eljövetele, az Elragadtatás, az Ezeréves Királyság, és a Nagy Fehér Trónus Ítélete. A mi Urunk most készít helyet nekünk, ahogy megígérte (Jn 14,2), és hamarosan örök helyre visz minket.

Világunkat most éhínségek, földrengések, természetellenes időjárás és hatalmas balesetek gyötrik. Ezt nem szabad véletlennek tekinteni; ébredjetek rá, hogy közel van Jézus Második Eljövetele (Mt 24,3-14). Teljes üdvösségre juttok, ha éberek vagytok és feldíszítitek magatokat, mint egy menyasszony.

2. fejezet

ISTEN MEGTEREMTI AZ EMBERT, ÉS GONDJÁT VISELI

- Isten megteremti az embert
- Miért viseli gondját Isten az embernek?
- Isten szétválasztja a búzát a pelyvától

Teremté tehát Isten az embert az ő képére, Isten képére teremté őt: férfiúvá és asszonnyá teremté őket. És megáldá Isten őket, és monda nékik Isten: Szaporodjatok és sokasodjatok, és töltsétek be a földet és hajtsátok birodalmatok alá; és uralkodjatok a tenger halain, az ég madarain, és a földön csúszó-mászó mindenféle állatokon.

1 Móz 1,27-28

Az emberben legalább egyszer életében felmerülnek alapvető kérdések az élet eredetére, céljára és értelmére vonatkozóan. Aztán megpróbálunk választ találni rájuk. Sokan különféle módszerekkel próbálják megoldani ezeket a problémákat, de a nélkül kell meghalniuk, hogy igazi választ találnának rájuk. Világhírű bölcsek: Konfucius, Buddha és Szókratész is az alapkérdésekre igyekeztek választ találni. Konfucius az erkölcsre összpontosított: kiemelte, hogy a tökéletes erény az erkölcsi ideál, és sok tanítványt szerzett. Buddha hosszú ideig vezekelt, hogy a világi lét alól feloldozást nyerjen. Szókratész a maga módján kereste az igazságot, és az igazi tudást akarta megszerezni.

De egyikük sem talált végleges, alapvető megoldást, nem jutottak el az igazsághoz és nem nyertek örökéletet. Ennek az az oka, hogy a világ megteremtése előtt elrejtett igazság szellemi igazság: láthatatlan és megfoghatatlan. Csak akkor találjuk meg az élet fontos kérdéseire a választ, ha megértjük a Teremtő gondviselő szeretetét, mellyel az emberek sorsát irányítja.

Isten megteremti az embert

Az emberi test szervek és sejtek titokzatos, felfoghatatlan

együttese. Isten, aki ilyennek teremtette az embert, igaz gyermekeket akart nyerni, akikkel az örökkévalóságig és még tovább is szeretetben élhet. Épp ezért Isten a saját képére és hasonlatosságára teremtette az embert, irányítja a sorsát és előkészíti számára a mennyországot.

Hogyan is teremtette tehát Isten a Világmindenséget, hogyan formálta meg az embert?

Isten hatnapos teremtése

Mózes Első Könyve részletesen leírja a folyamatot, melynek során Isten hat nap alatt megteremtette a mennyet meg a földet. „Legyen világosság" – szólt Isten, és lőn világosság (1 Móz 1,3). Majd így szólt: „Gyűljenek egybe az ég alatt való vizek egy helyre, hogy tessék meg a száraz", és tudjuk, hogy így történt (1 Móz 1,9). És így tovább.

Ahogy a Zsid 11,3 írja: "Hit által értjük meg, hogy a világ Isten beszéde által teremtetett, hogy ami látható, a láthatatlanból állott elő": Isten az egész Világegyetemet Igéjével teremtette.

Isten az első napon megteremtette a fényt, a második napon pedig megteremtette az eget. A harmadik napon, amikor Isten azt mondta: „Gyűljenek egybe az ég alatt lakó vizek egy helyre, hogy tessék meg a száraz" (1 Móz 1,9), lőn, és Isten a szárazat földnek, az egybegyűlt vizeket meg tengernek nevezte el. Aztán így szólt Isten: „Hajtson a föld gyenge füvet, maghozó füvet, gyümölcsfát, a mely gyümölcsöt hozzon az ő neme szerint, a melyben legyen néki magva e földön" (1 Móz 1,11), a föld gyenge füvet hajtott, maghozó füvet, gyümölcsfát, a mely gyümölcsöt hozzon az ő neme szerint, amelyben legyen néki magva e földön. A negyedik napon megteremtette a napot, holdat és csillagokat az ég mennyezetén, hogy a nap uralkodjék a nappalon, és a hold uralkodjon az éjszakán. Az ötödik napon megteremtette a tengeri állatokat és minden élőlényt, melyek nyüzsögnek a vizekben a maguk neme szerint, és mindenféle szárnyas repdesőt az ő neme szerint. A hatodik nap megteremtette a barmokat, csúszó-mászó állatokat és szárazföldi vadakat nemük szerint.

Az Isten képére teremtett ember

A Teremtő hat napig készítgette a környezetet, amiben az ember megélhet, és megteremtette az embert a saját képére. Megáldotta az embert, mint minden teremtmények urát, és elrendelte, hogy hajtsa birodalma alá őket és uralkodjon rajtuk.

Teremté tehát Isten az embert az ő képére, Isten képére teremté őt: férfiúvá és asszonnyá teremté őket. És megáldá Isten őket, és monda nékik Isten: Szaporodjatok és sokasodjatok, és töltsétek be a földet és hajtsátok birodalmatok alá; és uralkodjatok a tenger halain, az ég madarain, és a földön csúszó-mászó mindenféle állatokon. (1 Móz 1,27-28).

Hogy is teremtette meg Isten az embert?

És formálta vala az Úr Isten az embert a földnek

porából, és lehellett vala az ő orrába életnek lehelletét.
Így lőn az ember élő lélekké. (1 Móz 2,7).

Ebben az igében a por agyagot jelent. Egy ügyes fazekasmester jó minőségű agyagból drága, hófehér porcelánt égethet. Más fazekasok viszont mázatlan cserépedényeket, tetőcserepet vagy téglát készítenek.

Egy fazekastermék értéke főleg azon múlik, hogy ki készítette, milyen hozzáértéssel készült, milyen agyagot használtak hozzá, és miféle fazekastermék is. Amikor a Mindenható Teremtő megteremtette az embert a saját képére, ugye, milyen gyönyörűen sikerült?

Miután megteremtette az embert a saját képére a porból, Isten orrlyukaiba életet, azaz éltető engergiát lehellt. Az ember élő lélekké vált. Az éltető lehellet erő, hatalom, energia és Isten lelke.

Isten életet lehell az emberbe

Ha a neonlámpa fényére gondolunk, könnyebben megérthetjük a folyamatot, melynek során az embert megteremtették mint élő lelket. Ha azt akarjuk, hogy a neonlámpa világítson, előbb annak rendje s módja szerint el kell készíteni egy ilyen neont, és csatlakoztatni kell az áramkörhöz. De csak akkor világíthat, ha előbb felkapcsoljuk.

A tévékészülék is ugyanígy működik. Nem látunk, nem hallunk semmit, amíg be nem kapcsoljuk, de amikor már be van kapcsolva, mindenféle képeket és hangokat látunk és hallunk.

Ha látni akarjuk a képet, csak fel kell kapcsolni a tévékészüléket. Pedig a képernyő mögött bonyolult alkatrészek vannak, melyek összeállítása nagy tudást igényelt.

Hasonlóképpen Isten nemcsak az ember külső formáját, de belső szerveit és csontját is a föld porából formálta. Ereket készített, melyekben a vér folyik, és idegrendszert, ami tökéletesen teljesíti a rendeltetését.

Isten hatalma a port puha bőrré változtatja, ha Ő úgy akarja. Mintha elektromos áramot engedett volna bele, életet lehellt az emberbe. Ekkor azonnal keringeni kezdett benne a vér, lélegzett és mozgott.

Ráadásul, mivel Isten az emberek agysejtjeibe memóriaegységeket teremtett, az emberek elraktározzák és memorizálják, amit hallanak és éreznek. Az elraktározott, memorizált információ tudássá válik, s a tudás gondolatokként teremtődik újjá. Az elraktározott tudást az életben felhasználva bölcsességnek nevezzük.

Bár az emberek csak teremtett lények, gyarapodnak bölcsességben és tudásban, és összetett tudományos civilizációt fejlesztettek ki. Ma már a világegyetemet kutatják, számítógépeket készítenek, rengeteg információt táplálnak beléjük, és lehívják ezeket, azaz óriási hasznot húznak a számítógépekből ugyanúgy, ahogy Isten memóriaegységeket helyezett az agysejtekbe. Olyan tökéletességig vitték, hogy ma már léteznek számítógépek, melyek képesek a betűk és az emberi hang felismerésére, és kommunikálni másokkal. Idővel egyre összetettebbé válnak.

Mennyivel könnyebb lehetett a Mindenható Teremtőnek

megteremteni az embert a föld porából, és életet lehellni belé! Istennek nagyon könnyű valamit teremteni a semmiből, de az ember számára csodálatos és felfoghatatlan (Zsolt 139,13-14).

Miért viseli gondját Isten az embernek?

Jézus sok-sok példázatban mesél nekünk Isten gondviselő szeretetéről. Mivel a szellem birodalma felfoghatatlan az emberi tudás számára, az elvont dolgokról példázatokban beszél, hogy közérthetőek legyenek. Ezek közül sok szól a gondviselésről. Ott van például a magvető példázata (Mt 13,3-23; Mk 4,3-20, Luk 8,4-15), a mustármag példázata (Mt 13,31-32; Mk 4,30-32; Lk 13,18-19), a mező liliomainak példázata (Mt 13,24-30, 36-43), a szőlő példázata (Mt 20,1-16) és a szőlőmunkások példázata (Mt 21,33-41; Mk 12,1-9; Lk 20,9-16).

Ezek a példázatok megtanítanak arra, hogy amiképpen a gazda megtisztítja a földjét a gyomtól, gondját viseli, és betakarítja a termést, Isten is megteremti az embert, és gondját viseli, s elválasztja majd a búzát a polyvától.

Isten igaz szeretetben akar élni gyermekeivel

Istennek nemcsak isteni, hanem emberi minősége is van. Az isteni minőség a mindentudó és mindenható Teremtő hatalma, az emberi minőség meg az emberi elme. Isten teremtette a világegyetemet, Ő uralkodik felette, az emberi történelem és élet fölött. Ugyanakkor viszont örömöt, haragot, szomorúságot és élvezetet is ismer, és igaz szeretetben akar élni gyermekeivel.

A Bibliából rengetegszer kiderül, hogy Istennek is van egyénisége csakúgy, mint az embereknek; Isten örvendezik és megáldja az embert, amikor ő, az Isten képére teremtett lény, helyesen cselekszik, de kesereg és haragszik, amikor bűnt követ el. Isten igéjében gyakran kifejezi vágyát, hogy gyermekeivel kommunikáljon, és jó dolgokat adjon át nekik.

Ha Istennek csak isteni tulajdonságai lennének, nem kellett volna megpihennie a világegyetem hatnapos teremtése után, és nem kívánt volna szövetségre lépni velünk, mondván: *„Szüntelen imádkozzatok."* (1 Thess 5,17), és *„Kiálts hozzám és megfelelek, és nagy dolgokat mondok néked, és megfoghatatlanokat, a melyeket nem tudsz"* (Jer 3,33).

Az ember néha szeret egyedül lenni, máskor viszont jobban érzi magát hasonlóan gondolkozó barátjával, akivel kölcsönös szeretetben élnek. Hasonlóképpen, Isten azért teremtette meg az embert saját képére, mert kölcsönös szeretetben szeretne élni valakivel. Azért viseli gondját az emberi szellemeknek ezen a földön, mert igaz gyermekeket akar, akik megértik szívét, és szívből szeretik Őt.

Isten olyan gyermekeket akar, akik szabad akaratukból engedelmeskednek neki

Egyesek biztos csodálkoznak, hogy miért teremtette meg Isten az embert, miért viseli gondját, amikor annyi engedelmes angyal és mennyei sereg van az égben. Az angyalok legtöbbének viszont nincsenek meg azok az emberi tulajdonságai, amik a szeretet viszonzásában a legfontosabbak. Más szóval, nincs szabad akaratuk. Engedelmeskednek a parancsnak, mint a robotok, de nem éreznek örömöt, haragot, szomorúságot vagy gyönyört, mint az emberek. Ezért nem tudják tiszta szívből viszonozni Isten szeretetét.

Tegyük fel például, hogy van két gyermekünk. Az egyikük csak engedelmeskedik a parancsainknak anélkül, hogy érzelmeket, véleményt vagy szeretetet fejezni ki, mint egy jól programozott robot. A másik néha megbánt minket, de hamarosan megbánja tettét, gyöngéden átölel bennünket, és sokféleképpen kifejezi érzelmeit. Melyiküket szeretnénk jobban? Természetesen az utóbbit.

Tegyük fel, hogy van egy robotunk, ami főz, takarít és kiszolgál bennünket. Még akkor sem szeretjük jobban, mint a gyermekeinket. Bármilyen szorgalmasan dolgozik is a robot, és bármekkora segítség is számunkra, nem veheti el gyermekeink helyét.

Hasonlóképpen Isten is jobban szereti az embereket, akik boldogan, szabad akaratukból, értelmükkel és érzelmeikkel is engedelmeskednek neki, mint az angyalokat és a menny összes seregét, akik engedelmes, beprogramozott robotokként viselkednek. Az embereknek szabad akaratot és Igét ajándékoz. Azután megtanítja őket arra, hogy mi a jó és mi a rossz, és milyen út vezet a megváltásra és milyen a halálra. Türelmesen vár, amíg igaz gyermekeivé nem válnak.

Isten szülői szeretettel viseli gondját az embereknek

1 Móz 6,5-6-ban meg van írva: *„És látá az Úr, hogy megsokasult az ember gonoszsága a földön, és hogy szíve gondolatának minden alkotása szüntelen csak gonosz. Megbáná azért az Úr, hogy teremtette az embert a földön, és bánkódék az ő szívében."* Ez azt jelenti, hogy Isten nem tudott erről, amikor az embert megteremtette? Kétségtelenül tudott róla. Isten mindentudó és mindenható, tehát már az idők kezdetei előtt tudott mindent. ellenére megteremtette az embert, és gondját viseli.

Ha szülők vagytok, talán könnyebben megértitek. Milyen nehéz világra hozni egy gyermeket és felnevelni! Amíg egy nő terhes, sokféle szenvedésben van része kilenc hónapon át. A szülés rendkívül fájdalmas az anyának. Hogy gyermekeiket etethessék, ruházhassák és taníttathassák, a szülők nagy áldozatokat hoznak, és éjjel-nappal dolgoznak. Amikor a gyermekek későn jönnek haza, a szülők aggódnak értük. Amikor betegek, szüleiknek sokkal jobban fáj, mint gyermekeiknek.

Miért nevelnek gyermekeket a szülők, ha ennyi fáradságba és fájdalomba kerül nekik? Azért, mert a szülők tárgyat szeretnének szeretetüknek, azaz olyan lényeket, akik érzik szüleik szeretetét, és szívből viszontszeretik szüleiket. A szülők még a fáradozásban is örömüket lelik. Emellett, ha a gyermekek hasonlítanak szüleikre, milyen édesek! Természetesen minden gyermek nem lehet kötelességtudó szüleivel szemben. Vannak gyermekek, akik szeretik és tisztelik szüleiket, mások viszont fájdalmat okoznak nekik.

Hasonlóképpen, bár a szülők tudják, mivel jár egy gyermek felnevelése, nem tekintik fájó dolognak. Inkább óriási erőfeszítéseket tesznek, hogy gyermekeik derék emberek legyenek, és örömet okozzanak nekik. Hasonlóképpen, Isten is tudta, hogy az emberek engedetlenek lesznek, romlottak, és fájdalmat okoznak majd neki, de azt is tudta, hogy lesznek igaz gyermekei is, akik viszonozzák majd szeretetét. Így hát Isten megteremtette az embert, és szívesen viseli gondját.

Isten azt akarja, hogy igaz gyermekei dicsőítsék

Isten nemcsak azért viseli gondját az emberi szellemeknek a földön, hogy igaz gyermekeket nyerjen, hanem azért is, hogy azok növeljék dicsőségét. Istent dicsőítik az angyalok és a mennyei seregek is. De Ő azt szeretné, ha szeretett, igaz gyermekei dicsőítenék tiszta szívből.

És a 43,7-ben Isten ezt mondja: *„Mindent, a ki csak az én nevemről neveztetik, a kit dicsőségemre teremtettem, a kit alkottam és készítettem"*, az 1 Kor 10,31-ben meg erre tanít: *„Azért akár esztek, akár isztok, akármit cselekesztek, mindent az Isten dicsőségére míveljetek."*

Isten a Teremtő, a Szeretet és Igazság. Nekünk adta egyszülött Fiát, hogy megváltson bennünket, és előkészítette nekünk a mennyországot és az örökéletet. Kétség nem fér hozzá, hogy dicsőítést érdemel. Emellett meg is jutalmazza az Őt dicsőítőket.

Legyetek azért Isten igaz gyermekeivé, akik viszonozzák a szeretetét az örökkévalóságig azáltal, hogy megértitek, miért akarja Isten, hogy szellemi, gonddal nevelt gyermekei dicsőítsék Őt.

Isten szétválasztja a búzát a polyvától

A gazdák azért viselik gondját a földnek, mert bőséges termést akarnak betakarítani. Isten is azért viseli gondját az emberi szellemeknek a földön, hogy igaz gyermekeket nyerjen, akik tiszta szívből dicsőítik Őt, és akikkel az örökkévalóságig osztozhat szeretetében a mennyben.

Aratáskor búza is, pelyva is kerül bőven, úgyhogy a gazdák szétválasztják a búzát a pelyvától, begyűjtik csűreikbe a búzát, a pelyvát meg elégetik. Hasonlóképpen Isten is el fogja választani a búzát a polyvától, amikor az általa szeretettel gondozott emberi szellemeket betakarítja:

A kinek szórólapát van az ő kezében, és megtisztítja az ő szérűjét; és az ő gabonáját csűrbe takarítja, a polyvát pedig megégeti olthatatlan tűzzel. (Mt 3,12)

Ennekokáért ne kételkedjetek benne, hogy Isten gondját viseli az emberi szellemeknek a földön, s amikor eljön az idő, betakarítja a búzát: az igaz gyermekeket – a mennybe, az örökéletbe, de a polyvát olthatatlan tűzzel égeti a pokolban.

Vizsgáljuk hát meg alaposabban, miféle emberek a búza illetve a polyva Isten szemében, és milyen hely is a menny meg a pokol.

A búza meg a polyva

A búza azokat jelképezi, akik elfogadják a Jézus Krisztust,

igazságban járnak, és viszonozzák Isten szeretetét. Ők a világosság gyermekei, akik helyreállítják Isten elveszített képét, és teljesítik Isten minden parancsát.

A polyva pont ellenkezőleg azokat jelképezi, akik nem fogadják el Jézus Krisztust, vagy azt állítják, hogy hisznek, de nem élnek Isten igéje szerint, hanem saját gonosz vágyaikat követik.

1 Tim 2,4 Istent úgy írja el, mint „*a ki azt akarja, hogy minden ember idvezüljön és eljusson az igazság ismeretére.*" Azaz Isten azt akarja, hogy minden ember búza legyen, és a mennyországba jusson. Isten ezt sokféleképpen próbálja értésünkre adni, és igyekszik a megváltás útjára vezetni bennünket. De vannak, akik végül szabad akaratukból nem engedelmeskednek Isten akaratának és gondviselésének. Ezek Isten szemében nem jobbak az állatoknál, mert elveszítették az emberi értékeket.

A gazdák elégetik a polyvát, vagy trágyaként használják, mert ha a búzával együtt bekerül a csűrbe, a búza megrothad. Ezért Isten sem engedi be a polyvát a mennyországba, ahová a búza kerül. Az állatoktól eltérően az embernek örökéletű szelleme van, mert Isten életet lehellt belé, amikor megteremtette. Ezért Isten nem pusztíthatja el a polyvát.

Elkerülhetetlen, hogy Isten a mennyországba gyűjti össze a búzát, ahol az örök boldogságban élhet, a polyvát pedig a pokol olthatatlan tüzében égeti örökkön-örökké. Soha ne feledjétek ezt, máskülönben a pokol tüzére vettettek.

A mennyország szépsége és a pokol borzalma

A mennyország annyira szép, hogy a világon semmi máshoz nem hasonlítható. A földi virágok például hamar hervadnak, de a mennyország virágai soha nem hervadnak el, és nem hullanak le, mert a mennyországban minden örök. Az utak színaranyból vannak és tükörsimák, az Élet Folyója úgy ragyog, mintha tiszta kristály folyna benne, a házak meg drágakövekből épültek. Minden kimondhatatlanul gyönyörű (bővebben lásd *Mennyország I-II* című munkámban). A pokol ellenben az a hely, ahol az ő férgök meg nem hal, és tüzök el nem aluszik. Mindenki tűzzel sózatik meg (Mk 9,48-49). Sőt, a pokolban van egy égő kénköves tó, ami hétszer forróbb a tűz tavánál (Jel 20,10, 15). A megváltatlan embereknek örökre az olthatatlan tűz vagy az égő kénkő tavában kell élniük. Milyen borzalmas és félelmetes az örökkévalóságig ott élni (bővebben lásd *Pokol* című munkámban)!

Ezért mondta Jézus Mk 9,43-ban, hogy *„És ha megbotránkoztat téged a te kezed, vágd le azt; jobb néked csonkán bemenni az életre, mint két kézzel menned a gyehennára, a megolthatatlan tűzre."*

Miért kellett a szeretet Istenének megteremtenie a borzalmas poklot és a szép mennyországot is? Ha a gonosz embereket beengednék oda, ahol azok laknak, akik jók és Isten szemében kedvesek, fájdalmat fognak okozni a jó embereknek, és a mennyet beszennyezi a gonosz. Röviden: Isten azért teremtette a poklot, mert szereti az embereket, és gyermekeinek a legjobbat akarja.

A Nagy Fehér Trónus ítélete

Ugyanúgy, ahogy a gazda magokat vet és évről évre betakarítja a termést, Isten is gondját viseli az emberi szellemeknek, amióta Ádám kiűzetett a Paradicsomból, és ez így is lesz, amíg csak Jézus el nem jön újra.

Isten megmutatta akaratát a hit apostolainak: Noénak, Ábrahámnak, Mózesnek, Keresztelő Szent Jánosnak, Péternek és Pál apostolnak. Ma szüntelenül ápolja-nyesegeti az emberi szellemeket lelkészei és munkásai által. De minden kezdetet elkerülhetetlenül követ a vég, és az emberi lelkek megművelése sem tart örökké.

2 Pt 3,8 ezt írja: *„Ez az egy azonban ne legyen elrejtve előttetek, szeretteim, hogy egy nap az Úrnál olyan, mint ezer esztendő, és ezer esztendő mint egy nap."* Ugyanúgy, ahogy Isten megpihent a hetedik napon a világ hatnapos teremtése után, Jézus Eljövetele, az Ezeréves Birodalom és a szombat ideje hatezer évvel Ádám engedetlensége után fog elkövetkezni. Ezután a Nagy Fehér Trónus ítélete révén Isten a búzát beengedi a mennybe, a polyvát viszont a pokol tüzére veti.

Ennekokáért az Úr Jézus Krisztus nevére kérlek, hogy értsétek meg Isten gondviselő szeretetét, mellyel az emberek sorsát igazgatja, éljetek Istennek szentelt életet, és dicsőítsétek az Urat a mennyország után vágyakozva.

3. fejezet

A JÓ ÉS GONOSZ TUDÁSÁNAK FÁJA

- Ádám és Éva az Édenkertben
- Ádám szabad akaratából szegült ellen
- A bűn zsoldja a halál
- Miért helyezte Isten a tudás fáját
  az Édenkertbe?

És vevé az Úr Isten az embert, és helyezteté az Éden kertjébe, hogy mívelje és őrizze azt. És parancsola az Úr Isten az embernek, mondván: A kert minden fájából bátran egyél. De a jó és gonosz tudásának fájáról, arról ne egyél; mert a mely napon ejéndel arról, bizony meghalsz.

1 Móz 2,15-17

Azok, akik nem tudják, mennyire szereti Isten igaz gyermekeit, és milyen mélységes gonddal intézi sorsukat, amikor neveli őket, talán azt kérdezik: „Miért helyezte Isten a jó és gonosz tudásának fáját az Édenkertbe?" „Miért hagyta, hogy az első ember a pusztulás útjára lépjen?" Úgy gondolják, hogy az ember nem ismerte volna meg a halált, és boldog életet élt volna az Édenkertben, ha Isten nem tette volna oda a fát.

Egyesek olyasmiket is állítanak, hogy: „Isten nem tudta előre, hogy Ádám enni fog a jó és gonosz tudásának fájáról", mert nem hisznek Isten mindentudó és mindenható voltában. Meggondolatlanul helyezte volna fát az Édenkertbe, mert nem tudott Ádám eljövendő engedetlenségéről? Avagy Isten akarattal tette oda a fát, hogy az embert a halál útjára vezesse? Hát persze, hogy nem!

Hát akkor miért helyezte Isten a jó és gonosz tudásának fáját az Éden közepébe? Miért szegte meg Ádám Isten parancsolatát és lépett a halál útjára?

Ádám és Éva az Édenkertben

Isten megformálta az embert a föld porából, és életet lehellt bele, és az ember élő lélekké vált (1 Móz 2,7). Az élő lélek szellemi lény, aki semmiféle tudással nem rendelkezik megteremtése pillanatában. Nézzünk egy egyszerű példát. Egy újszülött nem rendelkezik se bölcsességgel, se tudással. A csecsemő agyában megvan az emlékezet szerve, de nem látott, nem hallott, nem tanult még semmit. Ezért a csecsemő csak ösztönösen tud még cselekedni. Hasonlóképpen Ádámnak sem volt még szellemi bölcsessége, sem tudása, amikor élő lélekké vált.

Ádám Istentől tanulta az élethez szükséges tudást

Isten kertet ültetett Édenbe, napkelet felől, és abba helyezte Ádámot. Isten lassanként megtanította Ádámnak az élethez szükséges tudást és igazságot, sétálgatás közben, hogy átadhassa neki a kert fölötti uralmat.

1 Móz 2,19 így szól: *„És formált vala az Úr Isten a földből mindenféle mezei vadat, és mindenféle égi madarat, és elvivé az emberhez, hogy lássa, minek nevezze azokat; mert a mely nevet adott az ember az élő állatnak, az annak neve."* Ádám elegendő életbölcsességgel rendelkezett ahhoz, hogy uralkodjon minden dolgok felett.

Ugyanakkor látá az Isten, hogy nem jó az embernek egyedül lenni. Isten tehát mély álmot bocsátott az emberre, hogy megfelelő segítő társat csináljon neki. Kivett egyet az oldalbordái közül, és hússal töltötte be annak helyét. Isten egyesítette a férfit a feleségével, és egy testté lettek (1 Móz 2,20-22).

Ez nem azért történt így, mert Ádám egyedül érezte magát, hanem mert Isten az idők kezdete előtt egyedül volt, és tudta, milyen az egyedüllét. Istent nagy-nagy szeretete és nagylelkűsége vitte rá, hogy segítőtársat teremtsen Ádámnak, és, előre tudván Ádám jövőjéről, megáldotta a férfit és az asszonyt, hogy sokasodjanak és szaporodjanak, és töltsék be a földet.

Ádám hosszú ideig élt az Édenkertben

Mennyi ideig is élt Ádám és felesége, Éva az Édenkertben? A Biblia nem számol be erről részletesen, de tudnotok kell, hogy sokkal tovább éltek ott, mint a legtöbben gondolnánk. A Biblia ezekről a dolgokból alig pár igében szól. Ezért sokan azt hiszik, hogy Ádám nem sokkal az után evett a tiltott gyümölcsből és lépett a halál útjára, hogy Isten az Édenkertbe helyezte. Egyesek azt kérdezik: „A Biblia szerint az emberi történelem hatezer éves, de hogy magyarázzuk akkor, hogy sok kövület sok százezer éves?"

A Bibliában az ember történelme körülbelül 6000 éves attól kezdve, hogy Ádám és Éva kiűzetett a Paradicsomból. Ebben nincs benne az a hosszú idő, amíg a Paradicsomban éltek. Mivel hosszú idő telt el, a Földön nagy földtani és földrajzi változások történtek: kéregmozgások, élőlények megjelenése és kihalása. Mint az első fejezetben már kifejtettük, a kövületek ezt bizonyítják.

Ugyanúgy, ahogy Isten megáldotta Ádámot és feleségét 1 Móz 1,28-ban, az első ember, Ádám, mielőtt megátkoztatott volna, Istennel járt, és hosszú ideig sok gyermeket nemzett, és betöltötte az Édenkertet. Mint a teremtett lények ura, Ádám uralma alá hajtotta a földet és az Édenkertet is.

Ádám szabad akaratából szegült ellen

Isten Ádámnak és Évának is szabad akaratot adott, és lehetővé tette, hogy élvezzék az Édenkert gazdagságát és örömeit. De volt valami, amit Isten megtiltott. Isten megparancsolta, hogy ne egyenek a jó és gonosz tudásának a fájáról.

Ha Ádám megértette volna Isten mélységes szeretetét, és igaz szívből szerette volna Őt, nem eszik a tiltott gyümölcsből, mert ismerte Isten parancsolatát. De nem engedelmeskedett ennek a parancsolatnak, mert nem szerette igaz szívből Istent.

Isten a jó és gonosz tudásának fáját az Édenkertbe helyezte, és leszögezte Isten és ember viszonyának szigorú törvényét. Lehetővé tette az embernek, hogy szabad akaratából tartsa meg a parancsolatot. Ez azért volt, mert igazi gyermekeket akart nyerni, akik tiszta szívükből engedelmeskednek neki.

Ádám nem hallgatott Isten Igéjére

A Bibliában Isten gyakran ígéri, hogy megoldja azokat, akik engedelmeskednek minden parancsolatának, és minden szavát meghallgatják (5 Móz 12,4-6, 28,1-14). De ki az, aki minden parancsolatának engedelmeskedik? Még a Biblia is beismeri, hogy kevés ember van a világon, aki képes erre.

Isten bizonyára megmagyarázta az első embernek, Ádámnak, hogy addig élvezheti az örökéletet és az áldásokat, amíg engedelmeskedik Istennek, de örök halál lesz a sorsa, ha engedetlen. Isten figyelmeztette, hogy ne egyen a jó és gonosz tudásának fájáról.

Ádám és Éva mégis megszegte Isten parancsolatát, és evett a tiltott gyümölcsből. A Sátán kezdettől fogva megpróbálta meghiúsítani Isten tervét, hogy igaz és szellemi gyermekeket neveljen. Végül Sátánnak sikerült megkísérteni őket, hogy egyenek a tiltott gyümölcsből, mégpedig a kígyó révén, aki ravaszabb volt minden mezei vadnál (1 Móz 3,1). Ádám és Éva megszegte Isten parancsolatát. De hogy szeghette meg Ádám Isten parancsolatát, ha élő lélek volt, és Isten csak az igazságra tanította?

1 Móz 2,15-ből megtudjuk, hogy Isten az Édenkertbe helyezte Ádámot, hogy művelje és őrizze azt. Ádám erőt és felhatalmazást nyert Istentől, hogy kormányozza és őrizze azt. Isten azért helyezte őrül, hogy az ellenséges ördög, a Sátán ne törjön be. Ennek ellenére Sátán uralmába kerítette a kígyót, és a kígyó révén megkísértette Ádámot és Évát. Miként volt ez lehetséges?

Röviden: Sátán egy gonosz szellem, akinek a levegő birodalma fölött van uralma. Sátánnak nincs alakja. Ef 2,2 szerint Sátán a levegőbeli hatalmasságok fejedelme, az a lélek, mely most az engedetlenség fiaiban munkálkodik.

Mivel a Sátán olyan, mint a levegőben terjedő rádióhullámok, irányíthatta a kígyót az Édenkertben, hogy megkísértse Ádámot és Évát. 1 Móz 1. részében többször megismétlődik egy bizonyos mondat. A teremtés minden egyes napja után a Biblia megismétli a következőt: „Látá Isten, hogy jó." Ez a mondat nem hangzott el a második napon, amikor a lég teremtetett.

Ugyancsak az Ef 2,2 említi az időt, *„melyekben jártatok egykor e világ folyása szerint, a levegőbeli hatalmasság* *fejedelme szerint, ama lélek szerint, mely most az engedetlenség fiaiban munkálkodik. "* Isten előre tudta, hogy a gonosz lelkek fognak uralkodni a lég birodalma fölött.

Éva engedett a kígyó kísértésének

A kígyó csupán egy a mezei vadak között. Hogy sikerült neki megkísérteni Évát, hogy megszegje Isten parancsát? Az Édenkertben az emberek minden élőlénnyel megértették magukat: a virágokkal, fákkal, madarakkal, vadakkal és így tovább. Éva a kígyóval is megértette magát. A kígyókat eredetileg szerették az emberek, és jóban voltak velük, nem úgy, mint manapság. Simák voltak, tiszták, hosszúak, kerekek és bölcsek, ezért Évának kedvencei voltak. Jól ismerték őt, és kedvében jártak. Ugyanígy van ez, mint a kutyákkal, melyek a gazdáik kedvencei, mert okosabbak és jobban engedelmeskednek nekik, mint a többi állat.

Ennek ellenére sokan azt mondják: „A kígyók borzalmasak, mérgesek és undorítóak." Majdhogynem ösztönösen viszolyognak a kígyóktól, mert a kígyók azok, akik megtévesztették az első embert: Ádámot és feleségét, Évát, hogy a parancsot megszegjék, és a halál útjára kényszerítették őket.

Hogy a kígyó temészetét megértsétek, tudnotok kell, milyen volt a föld az ősidőkben. Minden talajnak másféle összetevői vannak, melyek más-más arányban keverednek. A talajhoz adott elemek szerint a talaj zsíros vagy sovány lesz. Amikor Isten megteremtette a mindenféle mezei vadakat és a lég madarait, minden állat számára megfelelő talajt választott (1 Móz 2,19).

A kígyót Isten nem teremtette ravasznak. Bölcsnek teremtette, hogy az ember szeresse. De a kígyó ravasz lett, és gonosz lélek költözött belé. Ha a kígyó nem nyerte volna el a Sátán hangját, hanem csak Isten akaratát teljesítette volna, bölcs és jó állat lett volna belőle. Mivel hallgatott a Sátán hangjára, ravasz állat lett belőle, megtévesztette Évát, aki a halál útjára tévedt.

Mert Éva elferdítette Isten Igéjét

A kígyó tudta, hogy Isten ezt mondta Ádámnak: *„A kert minden fájáról bátran egyél. De a jó és gonosz tudásának fájáról, arról ne egyél, mert a mely napon ejéndel arról, bizony meghalsz."* (1 Móz 2,16-17). Ezért a kígyó ezt kérdezte ravaszul Évától: *„Csakugyan azt mondta az Isten, hogy a kert egy fájáról se egyetek?"* (1. ige)
Mit felelt Éva a kígyónak?

A kert fáinak gyümölcséből ehetünk, de annak a fának a gyümölcséből, mely a kertnek közepette van, azt mondá Isten: abból ne egyetek, azt meg se illessétek, hogy meg ne haljatok. (1 Móz 3,2-3).

Isten félreérthetetlenül figyelmeztette Ádámot: *„De a jó és gonosz tudásának fájáról, arról ne egyél, mert a mely napon ejéndel arról, bizony meghalsz"* (1 Móz 2,17). Hangsúlyozta, hogy nem maradnak életben, ha esznek a fáról. De Éva válasza nem volt olyan egyértelmű. Válasza homályos volt: „Abból ne egyetek, azt meg se illessétek, hogy meg ne haljatok." Kihagyta a „bizony" szót. Ezt akarta mondani: „Ha eszel a tiltott gyümölcsből, talán meghalsz, de talán nem." Nem tartotta észben Isten parancsát, és egy kicsit kételkedett Istenben. Miután a kígyó meghallotta kétértelmű, habozó válaszát, kettőzött erővel folytatta megkísértését. Sőt, kifacsarta Isten parancsát. A kígyó azt mondta az asszonynak: „Bizony nem haltok meg." Kezdett változtatni Isten parancsolatán, és így biztatta az asszonyt: *„Hanem tudja az Isten, hogy a mely napon ejéndetek abból, megnyilatkoznak a ti szemeitek, és olyanok lésztek mint az Isten; jónak és gonosznak tudói."* (1 Móz 3,5) Ismét megkísértette, még jobban felcsigázva kíváncsiságát.

Éva szabad akaratából szegte meg Isten parancsát

Miután a Sátán bűnös vágyakat lehellt az asszonyba hamis gondolatán keresztül, a fa másnak tűnt számára, mint amilyennek addig ismerte. 1 Móz 3,6-ban ezt olvashatjuk: *„És látá az asszony, hogy jó az a fa eledelre s hogy kedves a szemnek, és kívánatos a fa bölcsességért; szakaszta azért annak gyümölcséből, és evék; és ada vele levő férjének is, és az is evék."*

Egyszerűen csak gondolkodás nélkül ki kellett volna űznie a kígyó kísértését. A bűnös ember kívánsága, szemének kívánsága és az élet kérkedése elemésztette, és az engedetlenség bűnébe taszította.

Egyesek azt mondják: „Nem azért evett Ádám és Éva a jó és gonosz tudásának fájáról, mert már bennük volt a bűnös természet'?" Nem volt bűnös természet bennük, csak jóság, mielőtt megszegték volna a parancsolatot. Csak a saját szabad akaratuk volt, mely által ehettek vagy nem ehettek a tiltott gyümölcsből Isten parancsolatát megszegve. Ahogy telt az idő, elhanyagolták Isten parancsolatát. Majd a Sátán megkísértette őket a kígyó által, és ők engedtek a kísértésnek. Ezáltal beléjük költözött a bűn, és ők megbontották a rendet, amit Isten állított fel. Ugyanez a helyzet a gyerekekkel, akik egyre rosszabbak lesznek. Az a gyermek, aki rossz szavakban és cselekedetekben, nem mindig olyan rossz születésétől fogva. Előbb csak utánozza a többi gyermek durva szavait és káromkodásait anélkül, hogy ismerné jelentésüket. Vagy utánoz egy fiút, aki megüt valakit, és élvezi, hogy megüt másokat és látja, hogy azok sírnak. Így hát többször megüt másokat, és a gonoszság megszületik és növekszik benne.

Hasonlóképpen Ádámban sem volt meg kezdettől fogva a bűnös természet. Amikor megszegte az Isten parancsolatát, és saját szabad akaratából evett a fáról, megfogant benne a bűn, és gyökeret vert a gonoszság.

A bűn zsoldja a halál

Pontosan, ahogy Isten megmondta Ádámnak: „Nem szabad enned a jó és gonosz tudásának fájáról. Ha eszel róla, bizony meghalsz", Ádám és Éva meg is halt, miután ettek a fáról. Jk 1,15-ben ezt írja: *„Azután a kívánság megfoganván, bűnt szül; a*

bűn pedig teljességre jutván, halált nemz. "
Róm 6,23 megtanít bennünket a szellem birodalmának a
törvényére a bűn eredményére vonatkozóan: „A bűn zsoldja a
halál." Nézzük, hogyan szállta meg Ádámot és Évát a halál
engedetlenségük következtében.

Szellemük halála

Isten félreérthetetlenül megmondta Ádámnak: *„De a jó és
gonosz tudásának fájáról, arról ne egyél, mert a mely napon
ejéndel arról, bizony meghalsz. "* Mégsem haltak meg rögtön az
után, hogy megszegték Isten parancsolatát. Nagyon hosszú életet
éltek, és még sok gyermeket hoztak a világra. Milyen „haláltól"
óvott hát Isten? Nem testük, hanem szellemük halálára gondolt. Az ember
szellemmel teremtetett, ami kommunikálni képes Istennel,
lélekkel, ami a szellem szolgája, és testtel, melyben a szellem és a
lélek lakik. 1 Thess 5,23 szerint az ember valója lélekből és
testből áll (angolul szellemből is, ford. megj.). Amikor Ádám és
Éva megszegte Isten parancsolatát, a szellem, az ember irányítója,
meghalt.

Isten hibátlan és tökéletes, megközelíthetetlen fény, így hát a
bűnösök nem lehetnek vele. Amikor élő lélek volt, Ádám
kommunikálni tudott Istennel, de miután szelleme meghalt,
többé nem tudott kommunikálni Istennel bűnössége miatt.

A fájdalommal teli élet kezdete

Az Édenkert gazdag, szép hely volt, ahol nem nem volt gond, nem volt aggodalom, és Ádám és Éva örökké élhettek, mivel ehettek az élet fájáról. De miután vétkeztek, kiűzettek az Édenből. Az asszonynak megsokasította viselőssége fájdalmát. Epekedett a férje után, ő pedig uralkodott rajta. A férfi fáradságos munkával művelte meg az átkozott földet, s csak akkor élhetett belőle élete minden napjában. (1 Móz 3,16-17). Isten ezt mondja Ádámnak 1 Móz 3,18-19-ben: *„Tövist és bogáncskórót teremjen tenéked; és egyed a mezőnek füvét. Orcád verítékével egyed a te kenyeredet, míglen visszatérsz a földbe, mert abból vétettél: mert por vagy te s ismét porrá leszesz."* Ezekben az igékben Isten azt akarja kifejezni, hogy az ember azzá lesz, amiből vétetett: maroknyi por.

Mivel Ádám, az emberiség ősatyja az engedetlenség bűnébe esett, és meghalt szelleme, minden leszármazottja bűnösnek születik és a halál útjára lép.

Róm 5,12 megállapítja Ádám eltörölhetetlen hagyatékát: *„Annakokáért, miképpen egy ember által jött be a világra a bűn, és a bűn által a halál, és aképpen a halál minden emberre elhatott, mivelhogy mindenek vétkeztek".*

Minden ember eredendő bűnnel születik

Isten lehetővé teszi, hogy az emberek sokasodjanak és szaporodjanak a csírák által, melyekkel teremtésükkor ellátja őket. Az emberek egy hím és egy női ivarsejt egyesüléséből fogannak, melyeket Isten minden férfinak és nőnek ad csíraként.

Mivel a hím és női ivarsejt hordozza a szülők jellemzőit, a kisbaba, mely a két ivarsejt egyesüléséből származik, valamelyik szülőre hasonlít külső vonásaiban, jellemében, ízlésében, kedvenc dolgaiban, járásában és így tovább.

Eképpen Ádám bűnös természete is átöröklődött minden leszármazottjára, miután Ádám, minden ember ősatyja vétkezett. Ezt nevezik „eredendő bűnnek". Ádám leszármazottai eredendő bűnnel születnek. Tehát minden ember elkerülhetetlenül bűnös.

Néhány kétkedő méltatlankodik: „Már hogy lennék én bűnös? Nem követtem el bűnt." Mások meg ezt kérdezik: „Hogy örökölhettem Ádám bűnét?"

Vegyünk például egy gyermeket. Egy szoptató anyának van egy nem egészen egyéves gyermeke. Saját gyermeke szeme előtt egy másik gyermeket szoptat. A baba valószínűleg dühös lesz, és megpróbálja ellökni a másik csecsemőt. Ha az anya nem hagyja abba a szoptatást, vagy a másik csecsemő nem hagyja abba a szopást, a gyerek meglökheti vagy megütheti. Ha az anya tovább szoptatja a másik csecsemőt, saját gyermeke zokogni kezd.

Bár senki nem tanította a kisgyermeket önzésre, féltékenységre, gyűlöletre, mohóságra vagy verekedésre, mindez benne volt születése óta. Ez világosan megmutatja, hogy az emberek eredendő bűnnel születnek, amit szüleiktől örökölnek.

És még hányszor, de hányszor vétkezik mindenki élete során! Meg kell értenetek, hogy nemcsak a bűnös cselekedetek, hanem mindenféle gonosz gondolat is bűn Isten előtt, aki maga a fény.

Isten felfogja és figyeli a gonosz gondolatokat: a gyűlöletet, mohóságot, előítéleteket és a többit.

Ezért mondja a Biblia, hogy a törvénynek cselekedeteiből egy test sem igazul meg Isten előtt, és hogy mindnyájan szűkölködnek az Isten dicsősége nélkül, mert vétkeztek (Róm 3,20, 23).

Nemcsak az embert éri az átok, hanem minden dolgokat

Amikor Ádám, aki minden dolgok ura volt, vétkezett, és átok érte, a föld, minden háziállat, minden mezei vad és a lég madarai átok alá estek vele együtt. Attól fogva megjelentek a kártékony és mérges rovarok, például a legyek meg szúnyogok, melyek mindenféle kórt terjesztenek.

A föld tövist és bogáncskórót kezdett teremni, és az ember fáradságos munkával és orcája verítékével ette kenyerét. Az emberekre könny, szomorúság, fájdalom, betegségek, halál és efféle várt, mert el voltak átkozva ezen a földön.

Ezért írja Róm 8,20-22: *„Mert a teremtett világ hiábavalóság alá vettetett, nem önként, hanem azért, a ki az alá vetette, azzal a reménységgel, hogy maga a teremtett világ is megszabadul a rothadandóság rabságától az Isten fiai dicsőségének szabadságára. Mert tudjuk, hogy az egész teremtett világ egyetemben fohászkodik és nyög mind idáig.”*

De a kígyó hogyan vettetett átok alá? 1 Móz 3,14-ben Isten így szólt a ravasz kígyóhoz, mely bűnre csábította az embereket: *„Mivelhogy ezt cselekedted, átkozott légy minden barom és* *minden mezei vad között; hasadon járj, és port egyél életed minden napjaiban.*" De a kígyók nem port esznek, hanem élő állatokat: madarakat, békákat, egereket vagy rovarokat. Isten világosan megmondta: *"és port egyél életed minden napjaiban.*" Hogyan értelmezzük ezt az igét?

A "por" itt azokat az embereket jelképezi, akik a föld porából vétettek (1 Móz 2,7), a kígyó meg az ördögöt és a Sátánt jelképezi (Jel 20,2). "Port egyél élted minden napjaiban" azt jelképezi, hogy a Sátán és az ördög elemészti azokat, akik nem Isten igéje szerint élnek, hanem a sötétségben járnak.

Még Isten gyermekeinek is szembe kell nézniük a gondokkal és nehézségekkel, melyeket a Sátán meg az ördög hoznak rájuk, ha Isten akarata ellen való bűnös tettet követnek el. Ma a Sátán és az ördög mint ordító oroszlán szerte jár, keresvén, kit elnyeljen (1 Pt 5,8). Ha találnak valakit, rabul ejtik a bűn átkával, és a pusztulás útjára rángatják. Ha tudják, még Isten gyermekeit is megpróbálják megkísérteni.

A Sátán és az ördög megkísértik azokat, akik azt mondják: "Hiszek Istenben", de nem biztosak Isten Igéjében, és a halál útjára vezetik őket. A Sátán és az ördög általában azokon keresztül próbálnak megkísérteni, akik a legközelebb állnak hozzád, például hitvesed, barátod vagy rokonaid által – ugyanúgy, ahogy Évát a kígyó, egyik kedvence révén kísértette meg.

Például lehet, hogy hitvesed vagy barátod azt kérdezi: "Nem elég, ha csak a vasárnap délelőtti istentiszteletre mégy el? Mindig el kell menned az esti istentiszteletre is?" Vagy: "Muszáj a gyülekezetbe járnod?" "Isten szíved legrejtettebb rezdülését is ismeri, mert mindenható és mindentudó. Muszáj hangosan imádkoznod?"

Isten elrendelte, hogy megemlékezzünk a szombatnapról, és megszenteljük azt (2 Móz 20,8), ne hagyjuk el a magunk gyülekezetét (Zsid 10,25), és kiáltsunk az Úrhoz (Jer 33,3). A Sátán nem tudja megkísérteni, sem bűnre csábítani azokat, akik teljesen Isten igéjében lakoznak (Mt 7,24-25).

Amiképp az Eféz 6,11-ben is meg van írva: "*Öltözzétek fel az Isten minden fegyverét, hogy megállhassatok az ördögnek minden ravaszságával szemben,*" fel kell fegyverkeznünk Isten igaz szavával, és hit által bátran ki kell űznünk az ördögöt és a Sátánt

Miért helyezte Isten a tudás fáját az Édenkertbe?

Isten nem azért helyezte a tudás fáját az Édenkertbe, hogy a romlás útjára vigye az embert, hanem hogy valódi boldogságot adjon neki. Mivel nem fogják fel, milyen bölcs terve van velünk, sokan félreértik Isten szeretetét és igazságát, sőt egyenesen nem hisznek Istenben. Unalmas, élettelen életet élnek, és nem találnak igazi értelmet életüknek.

Szóval miért is tette Isten a jó és gonosz tudásának fáját az Édenkertbe, és miért tekinthető ez nagy-nagy áldásnak számunkra?

Ádám és Éva nem ismerte az igazi boldogságot

Az Édenkert elképzelhetetlenül szép és gazdag volt. Isten mindenféle fákat növesztett ki a földből. Szemet gyönyörködtetőek voltak, és gyümölcseik ételül szolgáltak. Az Édenkert közepén állt az élet fája és a jó és gonosz tudásának a fája (1 Móz 2,9).

Miért helyezte Isten a jó és gonosz tudásának a fáját a kert közepébe, hogy mindenki jól lássa? Isten soha nem akarta az embereket a romlás útjára terelni, nem akarta megkísérteni őket, hogy egyenek a fáról. Istennek szándéka volt vele: azt akarta, hogy a jó és gonosz tudása által megértsük a dolgok viszonylagosságát, s igaz, szellemi gyermekeivé váljunk, akik érzik az Ő szívét.

Amíg az emberek könnyeket, szomorúságot, szegénységet vagy betegséget élnek át, azt hiszik, hogy Ádám és Éva bizonyára boldog volt az Édenkertben, mert őket nem sújtotta a szenvedés, mint a könny, szomorúság, szegénység vagy a betegségek. Ennek ellenére az Édenkert lakói az igazi boldogságot és az igazi szeretetet sem élhették át, mert nem volt alkalmuk megtapasztalni a dolgok viszonylagosságát.

Nézzünk egy példát. Van két fiú. Egyikük szegénységben született és nőtt fel, a másik viszont gazdagon született és nőtt fel. Ha adunk nekik egy-egy drága játékot, miként fognak reagálni? A jólétben felnőtt fiú nem lesz olyan hálás, mert ritkán érzi át egy játék értékét. A másik fiú viszont, aki szegénységben nőtt fel, nagyon hálás lesz, és nagyra fogja értékelni a játékot.

Az igaz boldogság az ellentétének a megtapasztalásából ered

Hasonlóképen azok, akik megtapasztalták a szabadság és jólét ellentétét, ismerik és élvezni tudják az igazi boldogságot és szabadságot. Az Édenkerttől eltérően a világban sok rossz dolog van. Ha tudni és élvezni akarjuk bárminek az igazi értékét, meg kell tapasztalnunk az ellenkezőjét. Csak akkor tudjuk igazán értékelni, ha megtapasztaljuk az ellenkezőjét. Aki például meg akarja ismerni az igazi boldogságot, az meg kell hogy tapasztalja a boldogtalanságot. Ha meg akarjuk ismerni az igaz szeretet értékét, meg kell tapasztalnunk a gyűlöletet. Egészségünk értékét nem tudjuk felbecsülni, amíg betegségektől nem szenvedtünk. Csak akkor fogjuk fel az örökélet értékét és leszünk hálásak az Atyaistennek, aki a mennyországot készíti elő számunkra, amikor megbizonyosodunk a halál és a pokol létezéséről.

Ádám, az első ember azt ehetett, amit akart, és kedve szerint rendelkezhetett az Édenkert minden részével. Mindezért nem kellett homloka verítékével megdolgoznia. Emiatt nem fejezte ki háláját Istennek, aki mindezt adta neki, és nem is tudta, mekkora jóság és szeretet lakozik a szívében.

Aztán Ádám megszegte Isten parancsolatát: evett a gyümölcsből. Addig élő lélek volt, de miután bűnt követett el, ez a szellemi tartalom meghalt benne, és a test embere lett belőle. Feleségével együtt kiűzetett az Édenkertből, és ezen a Földön élt tovább. Olyan dolgokat kellett elszenvednie, amiket az Édenkertből nem ismert: könnyek, szomorúság, betegségek, fájdalom, balszerencse, halál és így tovább. Végül aztán teljes egészében megtapasztalta az Édenkert boldogságának ellentettjét.

Ebben a folyamatban Ádám és Éva megértette és érezhette, mi a boldogság és a boldogtalanság, s milyen értékes a szabadság és bőség, amit Isten adott nekik az Édenkertben.

Életed értelmetlen lesz, ha mindig anélkül élsz, hogy tudnád, mi a boldogság és a boldogtalanság. Még ha pillanatnyilag gondokkal is küszködsz, életed értékesebb és értelmesebb lesz, ha később megtapasztalhatod az igaz boldogságot.

Például, bár a szülők tudják, hogy a gyermeküknek fáradságos lesz a tanulás, azért engedik iskolába járni a gyermeküket. Ha szeretik gyermeküket, a szülők készségesen segítenek neki tanulni és megélni sok jó dolgot. Ugyanígy van ez Isten szívével is, Aki az embereket elküldte erre a világra, és mindenféle dolgokat élnek át általa, ezáltal neveli őket.

Ugyanebből az okból kifolyólag tette Isten a jó és gonosz tudásának a fáját az Édenkertbe, és nem akadályozta meg, hogy Ádám és Éva szabad akaratukból egyenek belőle. Minden dolgot úgy tervezett meg, hogy az emberek tapasztalják meg e világ mindenféle örömét, haragját, szomorúságát és élvezetét, és váljanak igaz gyermekeivé nevelő munkája révén.

Fájdalmas kudarcokkal járó kísérleteik révén végül teljes mélységükben megértették, mi az igazi értéke és értelme ezeknek a dolgoknak.

Mivel Isten nevelő tevékenysége révén megismerik és megtapasztalják az igaz boldogságot, Isten gyermekei nem fogják újra elárulni Őt, mint Ádám az Édenkertben, bármennyi idő is teljen el. Ehelyett egyre jobban fogják szeretni, tele lesznek örömmel és hálával, és még jobban fogják dicsőíteni.

Igaz boldogság a mennyországban

Isten gyermekei, akik megtapasztalták ezen a világon a könnyeket, szomorúságot, fájdalmat, halált stb., eljutnak az örökkévaló mennyországba, és örök boldogságot, szeretetet, kéjt és hálát élvezhetnek ott. A mennyországban megtapasztalják a tökéletes boldogságot.

Ezen a földi világon minden megrothad és meghal, de az örök mennyei királyságban nincs rothadás, halál, könnyek és szomorúság. Az aranyat ezen a világon is nagyra tartják, de a mennyei Új Jeruzsálemben minden út színaranyból készült. A mennyei házak álomszép, értékes drágakövekből épültek. Milyen csodásak, milyen gyönyörűek!

Istennel való találkozásomig az aranyat és az ékszereket tartottam a legértékesebbnek, de amióta tudomást szereztem az örök mennyországról, minden evilági dolgot hiábavalónak és értéktelennek kezdtem tekinteni. Az evilági élet csak pillanat az örökkévalósághoz képest. Ha valóban hiszünk és reménykedünk az örökkévaló mennyországban, soha nem fogjuk ezt a világot szeretni. Ehelyett csak az jár majd a fejünkben, mit tehetnénk, mit kellene tennünk, hogy minél több embert mentsünk meg, hogyan lehetne elvinni az evangéliumot a világ minden népéhez. Jutalmat halmozunk magunknak a mennyországban, ha minden javunkat Istennek ajánljuk tiszta szívből, és nem gyűjtünk kincseket a földön.

Pál apostol örömmel és hálaadással járta végig rögös útját, mert meglátta a harmadik mennyországot, amit Isten látomásában mutatott neki. A pogányok apostolaként rengeteg nehézséget kellett megtapasztalnia. Isten megmutatta neki, milyen gyönyörű a mennyország, és arra biztatta, hogy járja végig az útját a mennyország reményében. Botokkal ütlegelték, kíméletlenül megkorbácsolták, megkövezték, gyakorta bebörtönözték, és vérét ontotta, mialatt az Úr evangéliumát hirdette. Mindennek ellenére Pál tudta, hogy mindezeket leírhatatlanul megjutalmazzák a mennyországban. Az Istennek élő emberek nem reménykednek evilági dolgokban. Csak a mennyei királyság után vágyakoznak. Ez a világ csak egy pillanat Isten szemében, de a mennyei királyságban az élet örökké tart. Nincsenek könnyek, szomorúság, szenvedés, vagy halál a mennyben. Ezért mindig boldogan élhetnek, reménykedve a nagy ajándékokban, melyekkel Isten a mennyben megjutalmazza majd őket aszerint, hogy mit vetettek, mit csináltak.

Ezért könyörgöm az úr Jézus Krisztus nevében, hogy értsétek meg a Teremtő nagy szeretetét és gondoskodását, és készítsétek magatokat a mennyországba való bejutásra, hogy élvezhessétek az örökéletet és az igaz boldogságot a szemkápráztatóan szép és dicső mennyországban.

4. fejezet

A TITOK, MELY AZ IDŐK KEZDETE ELŐTT ELREJTETETT

- Ádám hatalma az ördögé lesz
- A föld megváltásának törvénye
- A titok, ami az idő kezdete óta rejtve van
- Jézus eleget tesz a törvény követelményeinek

Bölcsességet pedig a tökéletesek között szólunk; ámde nem e világnak, sem e világ veszendő fejedelmeinek bölcsességét; hanem Istennek titkon való bölcsességét szóljuk, azt az elrejtettet, melyet öröktől fogva elrendelt az Isten a mi dicsőségünkre; melyt e világ fejedelmei közül senki sem ismert, mert ha megismerték volna, nem feszítették volna meg a dicsőség urát.

1 Kor 2,6-8

Ádámot és Évát megkísértette a kígyó az Édenkertben, megszegték Isten parancsolatát, és ettek a jó és gonosz tudásának a fájáról, mert gondolatban arra vágyakoztak, hogy olyanok legyenek, mint Isten. Ennek eredményeként ők és minden leszármazottuk bűnösökké váltak. Emberi szempontból Ádám és Éva nyomorultak, mert kiűzték őket az Édenkertből, és a halál útjára léptek. Szellemi szempontból viszont Isten megáldotta őket ezzel, mert esélyt kaptak arra, hogy élvezzék a megváltást, örökéletet és a mennyei áldásokat Jézus Krisztus által.

Isten embereket nevelő tevékenysége révén a titokra, melyet a mi dicsőségünk érdekében elrejtett Isten az idők kezdete előtt, fény derült, és megnyílt a megváltás útja minden nemzetek előtt. Hadd ássunk mélyebbre a titokba, mely az idők kezdete előtt elrejtetett, és lássuk, hogyan nyílott meg a megváltás útja.

Ádám hatalma az ördögé lesz

Lk 4,5-6-ban olvashatjuk, hogy az ördög megkísérti Jézust, aki akkor fejezte be negyvennapos böjtjét:

Majd felvivén őt az ördög egy nagy magas hegyre,

megmutatá neki e föld minden országát egy
szempillantásban; és monda néki az ördög: Néked adom
mindezt a hatalmat és ezeknek a dicsőségét; mert nékem
adatott, és annak adom, a kinek akarom.

Az ördög azt mondta, hogy átadja hatalmát Jézusnak, mert ő
is másvalakitől kapta. Miért hagyta Isten, aki minden dolgok
fölött uralkodik, hogy minden hatalom az ördög kezébe
kerüljön?

1 Móz 1,28-ban ezt írja: *„És megáldá Isten őket és monda*
nékik Isten: Szaporodjatok és sokasodjatok, és töltsétek be a
földet és hajtsátok birodalmatok alá; és uralkodjatok a tenger
halain, az ég madarain, a barmokon, mind az egész földön, és
a földön csúszó-mászó mindenféle állatokon."
Ádám Istentől kapta a hatalmat, hogy minden fölött
uralkodjon. Ő volt minden dolgok ura, de hosszú idő elteltével
őt és feleségét megtévesztette a ravasz kígyó, és ettek a jó és
gonosz tudásának fájáról.

Róm 6,16-ban ezt olvashatjuk: *„Avagy nem tudjátok, hogy a*
kinek oda szánjátok magatokat szolgákul az engedelmességre,
annak vagytok szolgái, a kinek engedelmeskedtek; vagy a
bűnnek halálra, vagy az engedelmességnek igazságra?" A bűn
vagy az igazság szolgái vagytok. Ha bűnt követtek el, a bűn
szolgái vagytok, és halál lesz a sorsotok. Ha az igazság szolgái
vagytok, akkor viszont a mennyországba visz az utatok.

Ádám az engedetlenség bűnébe esett Istennel szemben, és a
bűn rabszolgájává lett. Ezért nem rendelkezhetett többé a
hatalommal, amit Isten adott neki. Át kellett adnia hatalmát az

ördögnek, mint ahogy a szolga tulajdona természetes módon a gazdájáé lesz. Röviden: Ádám azért adta át Istentől kapott hatalmát az ördögnek, mert bűnt követett el, és a bűn szolgájává lett. Ádám engedetlensége eredményeképp minden ember bűnös lett. Emiatt ő és leszármazottai az ördög szolgáivá váltak, és halálra lettek kárhoztatva.

A föld megváltásának törvénye

Mit kell tenniük az embereknek, hogy megszabaduljanak az ördögtől meg a Sátántól, és megváltódjanak a bűnöktől és a haláltól? Egyesek azt mondják: „Isten feltétel nélkül mindenkinek megbocsát, mert Isten szeretet. Túláradóan együttérző és könyörületes." Az 1 Kor 14,40 viszont így szól: „Mindenek ékesen és jó renddel legyenek." Isten mindent jó renddel cselekszik, a szellemi birodalom törvényei szerint. Isten nem tesz semmit a szellemi törvény ellen, mert Ő az igazság és méltányosság Istene.

A szellemis világnak van egy törvénye: a bűnöst megbüntetik, azaz: „A bűn zsoldja a halál." De van egy olyan törvény is, miszerint a bűnös megváltást nyerhet. Ennek a szellemi törvénynek a révén kell visszaszerezni a hatalmat, melyet Ádám átadott az ördögnek.

Mi is a bűnösök megváltásának a törvénye? Nem más, mit az Ószövetségben feljegyzett földmegváltás törvénye. Az idők kezdete előtt Isten e szerint a törvény szerint készítette elő titokban az emberek megváltását.

Mi a föld megváltásának a törvénye?

Íme mit parancsol Isten a zsidóknak 3 Móz 25,23-25-ben:

A földet pedig senki el ne adja örökre, mert enyém a föld, csak jövevények és zsellérek vagytok ti nálam. Azért a ti birtokotoknak egész földjén megengedjétek, hogy a föld kiváltható legyen. Ha elszegényedik a te atyádfia, és elad valamit az ő birtokából, akkor álljon elő az ő rokona, a ki közel van hozzá, és váltsa ki, a mit eladott az ő atyjafia.

A föld minden darabkája Istené, és nem szabad végleg eladni. Ha valaki annyira elszegényedett, hogy eladta a földjét, Isten megengedte neki vagy legközelebbi rokonának, hogy visszavásárolja a földet. Ez a föld megváltásának a törvénye.

A zsidók a földek eladásakor így fogalmazzák meg az adásvételi szerződést, ennek a törvénynek megfelelően, hogy ne adják el végleg a földet.

Az eladó meg a vásárló személy részletesen leírják a bizonyítványba az adásvételi szerződést, hogy az eladó vagy legközelebbi rokona később megválthassa azt. Másolatot készítenek róla, és mindkét példányt lepecsételik a saját pecsétjükkel két vagy három tanú előtt. Az egyik példányt lepecsételik, és a szent templom raktárában tartják. A másik példányt kinyitva és lepecsételetlenül egy mindenki által látogatható teremben tartják. A földmegváltás törvénye lehetővé teszi, hogy a vevő és legközelebbi rokonai bármikor megválthassák a földet.

A földmegváltás törvénye és az emberi megváltás

Miért készítette Isten az emberi megváltást elő a földmegváltás törvényének megfelelően? 1 Móz 3,19. 23 világosan elárulja nekünk, hogy a föld megváltásának a törvénye egyenes összefüggésben van az emberiség megváltásával:

Orczád verítékével egyed a te kenyeredet, míglen visszatérsz a földbe, mert abból vétettél; mert por vagy te s ismét porrá leszesz. (1 Móz 3,19)

Kiküldé őt az Úr Isten az Éden kertjéből, hogy mívelje a földet, a melyből vétetett vala. (1 Móz 3,23)

Isten ezt mondta Ádámnak engedetlensége után: „Mert por vagy te s ismét porrá leszesz". Itt a por jelentése az emberek, akiket a porból formáltak. Azaz az emberek haláluk után ismét porrá válnak.

A földmegváltás törvénye kimondja, hogy minden föld Istené, és nem szabad végleg eladni (3 Móz 25,23-25). Ezek az igék azt jelentik, hogy minden ember, aki a föld porából teremtetett, Istené, és nem lehet végleg eladni. Azt is jelenti, hogy a hatalom, amit Ádám az Édenkertben kapott Istentől, nem adható el örökre, mert Istené.

Ádám hatalmát átadta az ördögnek meg a Sátánnak, de aki méltó visszanyerni Ádám elvesztett hatalmát, visszakaphatja azt az ördögtől. Hasonlóképpen az igazság Istene tökéletes megváltót tervezett el a földmegváltás törvényére alapozva. Ez nem más, mint minden emberek Megváltója.

A titok,
mely az idők kezdete óta rejtve van

A szeretet Istene már az idők kezdete előtt tudta, hogy Ádám megszegi a parancsolatát, és minden leszármazottja a halál útjára lép. Titokban előkészítette az emberi megváltás útját, és elrejtette az általa kiszemelt időpontig.

Ha az ördög tudott volna Isten tervéről, megakadályozta volna, hogy az embereket megszabadítsa a bűntől meg a haláltól, hogy a hatalmát el ne veszítse. 1 Kor 2,7 megjegyzi, hogy: *„Hanem istennek titkon való bölcsességét szóljuk, azt az elrejtettet, melyet öröktől fogva elrendelt az Isten a mi dicsőségünkre."*

Jézus Krisztus, Isten Bölcsessége

Róm 5,18-19-ben a következőt olvashatjuk: *„Bizonyára azért, miképen egynek bűnesete által minden emberre elhatott a kárhozat: azonképen egynek igazsága által minden emberre elhatott az életnek megigazulása. Mert miképen egy embernek engedetlensége által sokan bűnösökké lettek: azonképen* *egynek engedelmessége által sokan igazakká lesznek."*

Minden ember igaz lesz és megváltásra jut egyetlen ember engedelmessége által ugyanúgy, amiképpen egy embernek engedetlensége által minden ember bűnös lett és a halál útjára lépett.

Hasonlóképpen Isten elküldte Jézus Krisztust, akit titokban készített elő a megváltás eszközéül, és hagyta, hogy Jézust keresztre feszítsék, majd ismét feltámadjon. Azóta aki benne hisz, az megváltásra jut. 1 Kor 1,18-ban Isten ezt mondja nekünk: *„Mert a keresztről való beszéd bolondság azoknak, a kik elvesznek; de nekünk, kik megtartatunk, Istennek ereje."*

Egyesek bolondságnak tartják, hogy a Mindenható Isten Fiát az Ő teremtményei gyalázták és ölték meg. De Istennek eme „bolond" terve sokkal bölcsebb, mint a legbölcsebb emberi terv, és Isten „gyengesége" sokkal erősebb, mint a legnagyobb emberi erő (1 Kor 1,19-24). A Biblia félreérthetetlenül kimondja, hogy senki nem lesz jó Isten szemében csak azért, mert betartja a törvényt. De Isten könnyűvé tette a megváltást mindenki számára, aki hisz Jézus Krisztusban.

A bűn zsoldja a halál. Ezért senki nem juthatott volna megváltásra, ha Jézus meg nem halt volna a bűneinkért. Jézust keresztre feszítették a bűneinkért, és Isten hatalma ismét életre keltette. Hasonlóképpen Isten előkészített egy tervet, ami gyengének és bolondnak tűnik, és hosszú időre elrejtette azt.

Isten azért rejtette titok fátyla alá Jézus Krisztust és keresztre feszítését, mert az ördög, ha tudott volna róluk, akadályozta volna a megváltást. Az ördög nem ölte volna meg Jézust a kereszten, ha tudta volna, hogy Isten azért készítette elő a kereszt általi megváltás útját, hogy minden embert megváltson bűneitől, megmentsen a haláltól, és visszanyerje Ádám hatalmát az ördögtől.

Ismét csak nézzük 1 Kor 2,7-8-t: *„Hanem Istennek titkon való bölcsességét szóljuk, azt az elrejtettet, melyet öröktől fogva elrendelt az Isten a mi dicsőségünkre; melyet e világ fejedelmei közül senki sem ismert, mert ha megismerték volna, nem feszítették volna meg a dicsőség urát."*

Jézus eleget tesz a törvény követelményeinek

Mint ahogy minden szerződésnek megvannak a szabályai, a szellem birodalmának is van egy törvénye, ami kimondja, hogy ahhoz, hogy Ádám elvesztett hatalmát visszaszerezze az ördögtől, a megváltónak eleget kell tennie a földmegváltás törvénye előírásainak.

Tegyük fel például, hogy egy embernek csődbe ment a vállalkozása. Nagy adóssága van, de nem tudja visszafizetni. Ha van egy gazdag testvére, aki szereti, azonnal ki fogja fizetni helyette a tartozásait.

Minden embernek, aki Ádám bukása óta bűnös, szüksége van egy megváltóra, aki a bűneitől megtisztítsa. Milyen kívánalmaknak kell eleget tennie a megváltónak? Miért mondja a Biblia, hogy csak Jézus alkalmas a megváltó szerepére?

Egy: a Megváltónak embernek kell lennie

3 Móz 25,25-ben ezt írja: *„Ha elszegényedik a te atyádfia, és elad valamit az ő birtokából, akkor álljon elő az ő rokona, a ki közel van ő hozzá, és váltsa ki, a mit eladott az ő atyjafia."* A földmegváltás törvénye kimondja, hogy ha egy ember elszegényedik, és eladja földjét, legközelebbi rokona visszaválthatja, amit eladott.

1 Kor 15,21-22-ben olvashatjuk: *„Miután ugyanis ember által van a halál, szintén ember által van a halottak feltámadása is. Mert a miképen Ádámban mindannyian meghalnak, azonképen a Krisztusban is mindnyájan megeleveníttetnek."* Az első kívánalom a Megváltóra nézve, aki visszaszerezheti Ádám hatalmát, hogy ember legyen. Ezt még egyszer részletesen leírja a Jel 5,1-5:

És láték annak jobbkezében, a ki a királyiszékben üle, egy könyvet, a mely be volt írva belől és hátul, és le volt pecsételve hét pecséttel. És láték egy erős angyalt, a ki nagy szóval kiálta: Ki volna méltó arra, hogy felnyissa a könyvet, és febontsa annak pecséteit? És senki, sem mennyen, sem földön, sem föld alatt, nem tudta a könyvet felnyitni, sem ránézni. Én azért igen sírok vala, hogy senki nem találtaték méltónak a könyv felnyitására és elolvasására, a ránézésre sem: És egy a Vének közűl monda nékem: Ne sírj, ímé győzött a Júda nemzetségből való oroszlán, Dávid gyökere, hogy felnyissa a könyvet és felbontsa annak hét pecsétét.

Egy könyv, *„a mely be volt írva belől és hátul, és le volt pecsételve hét pecséttel"*, egy szerződésre utal Isten és az ördög között, amikor Ádám megszegte Isten parancsolatát és bűnössé vált. János apostol nem talált senkit, aki méltó lenne felbontani a pecséteket és felnyitni a könyvet sem mennyen, sem földön, sem a föld alatt.

Ez azért van, mert az angyalok a mennyben nem emberek, minden ember bűnös mint Ádám leszármazottja, a föld alatt pedig csak gonosz szellemek vannak, akik az ördög tulajdonai, meg holt lelkek, akik a pokolra hullnak.

Akkor az egyik a vének közül azt mondta Jánosnak: *„Ne sírj, ímé győzött a Júda nemzetségből való oroszlán, Dávid gyökere, hogy felnyissa a könyvet és felbontsa annak hét pecsétét."* Itt Dávid gyökere Jézust jelenti, aki Dávid király leszármazottjaként született Júda törzséből (ApCsel 13,22-23). Ezért Jézus kielégíti a földmegváltás törvénye első feltételét.

Van, aki azt mondja: „Isten az Abszolútum. Jézus biztosan Isten, mert Isten Fia. Nem ember." De emlékezzünk, mit ír Jn 1,1: *„Isten vala az ige"*, és Jn 1:14: *„És az Ige testté lett és lakozék mi közöttünk."* Isten, aki maga vala az Ige, testté lett, és lakozék közöttünk a földön.

Jézus volt az, akinek eredeti minősége Isten volt, és aki testté, azaz emberré vált. Minősége szerint maga volt az Ige, Isten Fia. Emberi és isteni minősége is volt egyszerre. De született és emberi alakban, testben nevelkedett. Az emberiség története két részre oszlik, és a vízválasztó Jézus születése: K.e. annyit tesz, mint Krisztus születése előtt, K.u.. annyit, hogy Kriszut születése után. Már ez is bizonyítja, hogy Jézus testté vált, és lejött a földre.

Jézus születése, élete és keresztre feszítése is nyilvánvalóan bizonyítják ezt.
Jézus tehát ember, és alkalmas arra, hogy Megváltónk legyen.

Kettő: nem lehet Ádám leszármazottja

Az adós nem fizetheti vissza mások adósságát. Akinek viszont nincs adóssága, segíthet másnak kifizetni az övét. Hasonlóképpen az emberek megváltójának hibátlannak és folttalannak kell lennie, ha minden embert meg akar váltani a bűnöktől és a haláltól. Minden ember Ádám leszármazottja és bűnös, mert minden embernek ősapja, Ádám vétkezett. Leszármazottjai közül egy sem lehet az emberek megváltója, mert ő maga is bűnös. Még a történelem legnagyobb személyiségei sem lehetnek felelősek mások bűneiért.
Vajon eleget tesz Jézus ennek a kívánalomnak?
Mt 1,18-21 leírja Jézus születését. A Szentlélek által fogantatott, nem férfi és nő egyesüléséből. Az igék a következőképpen szólnak:

A Jézus Krisztus születése pedig így vala: Mária, az ő anyja, eljegyeztetvén Józsefnek, mielőtt egybekeltek volna, viselősnek találtaték a Szent Lélektől. József pedig, az ő férje, mivelhogy igaz ember vala és nem akarta őt gyalázatba keverni, el akarta őt titkon bocsátani. Mikor pedig ezeket magában elgondolta: imé az Úrnak angyala álomban megjelenék neki, mondván: József, Dávidnak fia, ne félj magadhoz venni Máriát, a te feleségedet, mert a mi benne fogantatott, a Szent Lélektől van az. Szűl pedig fiat, és nevezd annak nevét Jézusnak, mert ő szabadítja meg az ő népét annak bűneiből.

Jézus családfája szerint tényleg Dávid leszármazottja volt (Mt 1; Lk 3,23-37). De a Szentlélektől fogantatott, mielőtt Mária egyesült volna Józseffel. Épp ezért nem volt bűnös természete. Mindenki bűnösnek születik, mert a bűnös természetet szüleitől örökli. Más szóval, miután Ádám vétkezett, bűnös természetét átörökítette minden leszármazottjára. A bűnös természetet minden ember örökölte a mai napig, és eredendő bűn néven emlegetjük. Emiatt Ádám összes leszármazottja bűnös, és nem válthatja meg embertársait.

Emiatt az Atyaisten úgy tervezte, hogy Fia, Jézus a Szentlélek által fogantasson Szűz Mária méhében. Eképpen Jézus testté vált és eljött a földre, de nem volt Ádám leszármazottja.

Három: elegendő hatalommal kell rendelkeznie az ördög legyőzésére

Szintén a 3 Móz 25,26-27-ben olvashatjuk:

Ha pedig nincs valakinek kiváltó rokona, de maga tesz szert annyira, hogy elege van annak megváltásához: számlálja meg az eladása óta eltelt esztendőket, a felül lévőt pedig térítse meg annak, a kinek eladta volt, és újra legyen az övé az ő birtoka.

Röviden: a megváltónak elegendő hatalommal kell rendelkeznie az eladott föld visszavásárlására. Egy szegény ember nem tudja visszafizetni barátja tartozását, bármennyire is szeretné. Hasonlóképpen a megváltónak nem lehet bűne, ha meg akarja váltani az embereket bűneiktől. A szellemi birodalomban az jelent hatalmat, ha valaki bűntelen. A Megváltónak rendelkeznie kell a hatalommal az ördög legyőzésére és Ádám elvesztett hatalmának visszaszerzésére. Azaz a Megváltónak mentesnek kel lennie az eredendő bűntől meg bármiféle saját bűntől. Csak egy bűntelen megváltó tudja legyőzni az ördögöt és megszabadítani az emereket az ördögtől.

Bűntelen volt Jézus?

Jézusban nem volt meg az eredendő bűn, mert a Szentlélektől fogantatott. Teljes mértékben betartotta Isten törvényét, mert szülei irányítása alatt nőtt fel, akik istenfélő emberek voltak. Szeretettel teljesítette a törvényt. Születése után nyolc nappal körülmetélték (Lk 2,21). Soha nem követett el saját bűnt, és mást sem tett, csak apja, az Isten akaratát teljesítette, amíg 33 éves korában keresztre nem feszítették (1 Pt 2,22-24; Zsid 7,26).

Jézus azért tudta legyőzni az ördögöt és megváltani az embereket, mert egyáltalán nem volt benne bűn. Bűntelenségét számos csodatétele is bizonyítja. Démonokat űzött ki, vakok szemevilágát adta vissza, süketek hallását, a bénák járni kezdtek, és sok gyógyíthatatlan betegséget gyógyított meg. A dühöngő vihar lecsillapodott, a vad szél megállt, amikor megdorgálta a szelet, és azt mondta a tengernek: Hallgass, némulj el! (Mk 4,39)

Végül pedig önfeláldozó szeretet kell éljen benne

Még egy gazdag ember sem váltaná meg a földet, ha nem érezne szeretetet az iránt, aki eladta a földet. Hasonlóképpen a megváltónak annyira kell szeretnie a bűnösöket, hogy hajlandónak kell lennie akár az önfeláldozásra, hogy egyszer s mindenkorra véget vessen a bűn okozta gondoknak.

Ruth 4,1-6-ban Boáz nagyon is tisztában volt azzal, hogy Naómi szegény, és azt mondta legközelebbi rokonának, a megváltónak, hogy visszaveheti a földjét, ha akarja. De az illető megtagadta, ezt mondván Boáznak: *„Nem válthatom meg magamnak, hogy el ne veszessem a magam örökségét; váltsd meg te magadnak az én rokoni részemet, mert én nem válthatom meg."* (6. ige) Nem váltotta meg a földet Naomi és Ruth helyett, bár elég pénze lett volna rá. Ennek az az oka, hogy nem élt benne önfeláldozó szeretet. Végül aztán Boáz, sorrendben a legközelebbi rokon váltotta meg a földet, mert őbenne megvolt az önfeláldozó szeretet.

Boáz törvényes megváltóvá vált, és feleségül vette Ruthot, mert elegendő szeretet élt benne, hogy megváltsa Naomi földjét. Boáz és Ruth fia lett a dédapja Dávid királynak, és Jézus családfájában is feljegyezték a nevét.

Jézus a szeretete miatt jutott a keresztfára. Jézus Ige volt, de testté vált, és leszállt a földre. Nem volt Ádám leszármazottja, mert a Szentlélektől fogantatott. Ezért nem volt meg benne az eredendő bűn. Megvolt benne a hatalom, hogy megváltsa bűneiktől az embereket, mert bűntelen volt.

De nem válhatott volna Megváltóvá önfeláldozó szellemi szeretet nélkül, hiába tett eleget a többi három kívánalomnak. Vállalnia kellett a büntetést, ami a bűnösöknek járt bűneikért, hogy minden embert megváltson a bűneitől. Úgy kellett bánni vele, mint a legelvetemültebb bűnözővel, fel kellett feszíteni a fakeresztre. Gúnyolni kellett és csúfolni, s testéből vér és víz ömlött, hogy megmentse az embereket. Nagy árat kellett fizetnie, súlyos áldozatot kellett hoznia.

Az emberi történelemben nem találunk olyan példát, hogy egy bűntelen fejedelem meghalt volna gonosz és ostoba népéért. Jézus a Mindenható Isten egyedüli Fia, a királyok Királya, és a teremtés Ura. Ez a nagy, nemes és folttalan Jézus hagyta, hogy keresztre feszítsék, s meghalt vérét ontván. Milyen mérhetetlen szeretetet is érezhetett irántunk!

Jézus jótetteken kívül egyebet nem cselekedett életében. Megbocsátott a bűnösöknek, meggyógyította a betegeket, megszabadított sok embert a démonoktól, békesség, öröm és szeretet örömhírét hozta, és őszinte reménységet keltett az emberekben a mennyország és megváltás tekintetében. Mindezek megtetézéseként saját életét is odaadta a bűnösökért.

A Róm 5,7-8-ban olvashatjuk: *„Bizonyára igazért is alig hal meg valaki; ám a jóért talán csak meg merne halni valaki. Az Isten pedig a mi hozzánk való szerelmét abban mutatta meg, hogy mikor még bűnösök voltunk, Krisztus érettünk meghalt."* Az Atyaisten elküldte egyszülött Fiát, Jézust nekünk, akik nem vagyunk igazak, sem jók, és hagyta, hogy keresztre feszítsék és meghaljon. Eképpen mutatta meg nagy-nagy szeretetét.

Ennekokáért imádkozom az Úr nevében, hogy értsétek meg: egyedül a Jézus Krisztus nevében juthattok megváltásra, csak Jézus Krisztus elfogadásával nyerhetitek el a jogot, hogy Isten gyermekeivé váljatok és élvezzétek a győzedelmes életet a megváltás bizonyosságában!

5. fejezet

MIÉRT NEM LEHET MÁS MEGVÁLTÓNK JÉZUSON KÍVÜL?

- A Jézus Krisztus általi megváltás isteni terve
- Miért feszítették Jézust fakeresztre?
- A világon más név nem lehetséges, csak a Jézus Krisztus

Ez ama kő, melyet ti építők megvetettetek, mely lett a szegeletnek fejévé. És nincsen senki másban idvesség: mert nem is adatott emberek között az ég alatt más név, mely által kellene nékünk megtartatnunk.

ApCsel 4,11-12

Ha megértjük Isten mélységes, mindenre kiterjedő gondviselését, amivel az emberek sorsát intézi, tiszta szívből szeretni fogjuk Őt. Sőt, nem győzzük csodálni szeretetét és bölcsességét, amikor megértjük, milyen csodálatosan tervezte el a Jézus Krisztus általi megváltást.

Hogy is valósult meg tehát Jézus Krisztus által a megváltás isteni terve, mely az idők kezdete előtt elrejtetett? Mint korábban elmondtam már, az igazság Istene a szellemi törvény szerint készítette elő azt, aki alkalmas az emberek megváltására, és azt is elmondtam, hogy e világon csak Jézus felel meg e törvény kívánalmainak.

Jézus az egyedüli, aki ember, de nem Ádám leszármazottja, mert a Szentlélektől fogantatott, és testté válva szállt le a földre. Emellett megvan benne a hatalom és szeretet, hogy minden embert megváltson. Így hát keresztre feszítése által megnyithatta az utat minden ember megváltása felé.

Ezért mondja az ApCsel 4,12, hogy: „*És nincsen senki másban idvesség: mert nem is adatott emberek között az ég alatt más név, mely által kellene nékünk megtartatnunk.*" Aki elfogadja Jézus Krisztust, és hisz Őbenne, annak megbocsátják összes bűneit és megváltásra jut. Kijön a sötétségből a világosságra, és elnyeri Isten gyermekeinek járó hatalmat és áldásokat.

Most pedig elmagyarázom, miért kell hinnetek a keresztre feszített Jézusban ahhoz, hogy elnyerjétek a megváltást, meg az Isten gyermekének járó hatalmat és áldásokat.

A Jézus Krisztus általi megváltás isteni terve

Isten a megváltás útját már az idők kezdete előtt előkészítette. A Teremtés Könyvében már próféciákat olvashatunk Jézusról és a kereszt általi megváltás titkáról.

1 Móz 3,14-15-ben ezt olvashatjuk:

És monda az Úr Isten a kígyónak: Mivelhogy ezt cselekedted, átkozott légy minden barom és minden mezei vad között; hasadon járj, és port egyél életed minden napjaiban. És ellenségeskedést szerzek közötted és az asszony között, és az ő magva között: az neked fejedre tapos, te pedig annak sarkát mardosod.

Mint már előbb is szó volt róla, szellemi értelemben a kígyó jelentése az ördög, a „port eszel" annak a jelképe, hogy az ördög uralkodik az emberek fölött, akiket a föld porából teremtettek. Az „asszony" jelentése Izrael, „az ő magva" pedig Jézust jelenti. Az hogy „a sarkát mardosod", azt jelenti, hogy Jézus keresztre lesz feszítve, „az (az asszony magva) neked fejedre tapos" arra utal, hogy Jézus megbontja az ördög és a Sátán táborát azáltal, hogy feltámad halottaiból.

A Sátán nem jöhetett rá Isten tervére

Isten a megváltás isteni tervét a titok fátylával borította, hogy az ördög ne jöjjön rá a benne rejlő bölcsességre. Az ördög megpróbálta az asszony magvát megölni, mielőtt eltiportatott volna. Azt hitte, örökre megtarthatja a hatalmat, amit Ádámtól nyert, aki engedetlen volt Istennel. Ám az ördög, a Sátán nem tudta, ki az asszony magva. Ezért megölte a prófétákat, akiket Isten szeretett az Ószövetség idejéből. Amikor Mózes megszületett, az ördög a Fáraóval megölette a zsidó asszonytól született fiúgyermekeket (2 Móz 1,15-22). Amikor Jézus fogantatott a Szentlélek által, és leszállt a földre testté válva, az ördög Heródes királlyal ugyanezt tétette. De Isten már ismerte az ellenség tervét. Isten angyala megjelent József álmában, és azt mondta, hogy menjen Egyiptomba a gyermekkel és az anyjával. Isten vezérlésével a család ott élt Heródes király haláláig.

Isten hagyta, hogy Jézust keresztre feszítsék

Jézus Isten oltalma alatt nőtt fel, és harmincéves korában kezdett el igét hirdetni. Keresztül-kasul járta Galileát, tanított a zsinagógákban, mindenféle betegséget gyógyított, halottakat támasztott fel, és az evangéliumot hirdette a szegények között (Mt 4,23; 11,5).

Eközben az ellenséges ördög, a Sátán ismét cselt szőtt: felbújtotta a főpapokat, a törvény tanítóit meg a farizeusokat, hogy öljék meg Jézust. De, mint a Bibliából tudjátok, a gonoszok egy ujjal sem érhettek Jézushoz, mert mindaz, ami életében történt vele, Isten akaratából történt.

Isten csak azután engedélyezte az ellenséges ördögnek, a Sátánnak, hogy Jézust keresztre feszítse, hogy három évig igét hirdetett. Jézusra töviskoronát tettek, és meghalt a keresztfán, miután kezébe-lábába szeget vertek, ami nagyon fájdalmas volt. A keresztre feszítés a kivégzés legkegyetlenebb formája. Az ellenséges ördög nagyon boldog volt, miután ilyen kegyetlen módon megölte Jézust. A Sátán győzelemittasan énekelt, mert azt hitte, továbbra is ő lesz az úr a világ fölött, és többé senki nem dacol az uralmával. De Istennek titkos terve volt mindevvel.

Az ellenséges ördög, a Sátán megszegte a szellemi törvényt

Isten abszolút hatalmát nem használja fel a törvény ellen, mert igazságos. Az idők kezdete előtt előkészítette a szellemi törvény általi megváltás útját, mert Ő mindenben a szellemi törvény szerint jár el.

Mivel a bűn zsoldja a halál a szellemi törvény szerint (Róm 6,23), csak annak kell szembenéznie a halállal, aki bűnt követ el. De az ellenséges ördög, a Sátán keresztre feszítette Jézust, aki ártatlan volt (1 Pt 2,22-23). Ezzel az ellenséges ördög megszegte a szellemi törvényt, és saját csapdájába esett. Ő lett az eszköze az emberek megváltásának, amit Isten tervezett el. Az asszony magva a fejére taposott, mint ahogy a Teremtés Könyve megjósolta.

A kígyó életbe maradhat, ha a farkára lépünk vagy levágjuk a testét, de ha a fejét leszorítjuk, nem. Ezért az, hogy *„és ellenségeskedést szerzek közötted és az asszony között, és az ő magva között: az neked fejedre tapos, te pedig annak sarkát mardosod"*, azt jelenti szellemi értelemben, hogy az ellenséges Sátán Jézus Krisztus miatt elveszti hatalmát. Az asszony magvának sarkát mardosó kígyó szellemi értelemben azt jelenti, hogy Sátán keresztre fogja feszíteni Jézust, és ez úgy teljesült be, ahogy 1 Móz 3,15 megjósolta.

Megváltás Jézus keresztre feszítése által

A megváltás terve, amit Isten az idők kezdete előtt elrejtett, akkor teljesedett be, amikor Jézus a keresztre feszítését követő harmadik napon feltámadott.

Körülbelül 6000 évvel ezelőtt Ádámnak át kellett adnia Istentől kapott hatalmát az ördögnek, mivel engedetlenségével megszegte a szellemi világ törvényét (Lk 4,6). Ám 4000 év elmúltával a Sátánnak kellett a pusztulás útjára lépnie a szellemi törvény megszegése miatt.

Ezért az ellenséges ördög kénytelen volt szabadon engedni azokat, akik elfogadták Jézust Megváltójuknak, hittek a nevében, és jogot nyertek, hogy Isten gyermekei lehessenek. Keresztre feszítette volna az ellenséges ördög Jézust, ha belelát Isten bölcsességébe? Dehogy! 1 Kor 2,8 emlékeztet, hogy a bölcsesség, *„melyet e világ fejedelmei közül senki sem ismert, mert ha megismerték volna, nem feszítették volna meg a dicsőség urát"*.

Azok, akik ma nem értik meg ezt, így okoskodnak: Miért
nem tudta megvédeni a Mindenható Isten a Fiát a haláltól?
Miért engedte, hogy kereszthalált haljon? De ha mélységesen
megértjük a keresztet, mint a Gondviselés eszközét, felfogjuk,
miért kellett keresztre feszíteni Jézust, hogyan lehetett a királyok
Királya, és az urak Ura, miután győzedelmeskedett az ellenséges
ördögön. Ezért aki hisz benne, hogy Jézus a Megváltó, meghalt a
kereszten és három nap múlva feltámadott, hogy az embereket
megváltsa bűneiktől, az igaznak és megváltottnak mondható.

Miért feszítették Jézust fakeresztre?

De miért feszítették Jézust fakeresztre? Miért éppen fából
volt az a kereszt? Bár egyéb kivégzési módot is választhattak
volna számára, Jézus fakereszten halt meg. Gal 3,13-14 szerint
három szellemi oka van annak, hogy Jézust keresztfára
feszítették.

Egy: hogy megváltson minket a törvény átkától

Gal 3,13 ezt írja: „Krisztus váltott meg minket a törvény
átkától, átokká lévén érettünk; mert meg van írva: Átkozott
minden, ki a fán függ." Azt magyarázza, hogy Jézus megváltott
minket a törvény átkától azáltal, hogy keresztfára feszítették.

Ádám engedetlensége miatt minden embert átok sújtott, és
így a halál útjára ítélte őket a sors; mint ahogy a Róm 6,23-ban is
meg van írva: „a bűn zsoldja a halál". Ám Isten az embereknek

adta egyszülött Fiát, Jézust, és engedte, hogy keresztfára feszítsék, hogy megváltsa őket a törvény átkától (4 Móz 21,23). Mi több, Jézus drága vérét ontotta a kereszten. Figyeljük meg a 3 Móz 17,1.14-et:

Mert a testnek élete a vérben van; én pedig az oltárra adtam azt nektek, hogy engesztelésül legyen a ti életetekért, mert a vér a benne levő élet által szerez engesztelést. (11. ige)

Mert minden testnek élete az ő vére a benne levő élettel (14. ige).

A Léviták Könyvének szerzője azért írja, hogy az élet a vérben van, mert minden állatnak vérre van szüksége az élethez, és nélküle meghalna. De amikor valaki meghal, a húsa porrá válik, és lelke a mennyre vagy a pokolra jut. Csak akkor nyerhetünk örökéletet, ha bűnbocsánatot nyerünk. Bűnbocsánat márpedig nincsen vérontás nélkül, mint a Zsid 9,22-ben is írja: *„És csaknem minden vérrel tisztíttatik meg a törvény szerint, és vérontás nélkül nincsen bűnbocsánat."* Emiatt az ószövetségi időkben az emberek állatok vérét kellett hogy áldozzák, valahányszor bűnt követtek el. De Jézus saját drága vérét ontotta egyszer s mindenkorra, hogy az emberek bocsánatot és örökéletet nyerjenek, mert benne magában nem volt meg sem az eredendő bűn, sem semmiféle saját bűn.

Hasonlóképpen ti is örökéletet nyerhettek Jézus drága vére

miatt. Azaz Jézus helyettetek halt meg, és utat nyitott számotokra, hogy Isten gyermekei lehessetek.

Kettő: hogy Ábrahám áldása legyen az embereken

Gal 3,14 első része így szól: *"Hogy az Ábrahám áldása Krisztus Jézusban legyen a pogányokon, hogy a Lélek ígéretét elnyerjük hit által."* Ez azt jelenti, hogy Isten az Ábrahámnak adott áldást nemcsak a zsidóknak adja, de az összes pogánynak is, aki igaznak mondatik ki, mivel elfogadja Jézust Megváltójának.

Ábrahámot „a hit atyjának" és „Isten barátjának" nevezték, s gyermekekkel, egészséggel, hosszú élettel, vagyonnal és egyebekkel áldotta meg az Úr. 1 Móz 22,15-18 leírja, miért nyerte el Ábrahám a bőség áldását:

És kiálta az Úrnak angyala Ábrahámnak másodszor is az égből. És monda: én magamra esküszöm azt mondja az úr: mivelhogy e dolgot cselekedél és nem kedvezél a te fiadnak, a te egyetlenegyednek: Hogy megáldván mgáldalak tégedet, és bőségesen megsokasítom a te magodat mint az ég csillagait, és mint a fövényt, mely a tenger partján van, és a te magod örökség szerint fogja bírni az ő ellenségeinek kapuját. És megáldatnak a te magodban a földnek minden nemzetségei, mivelhogy engedtél az én beszédemnek.

Ábrahám engedelmeskedett, amikor Isten azt mondta neki: *„Eredj ki a te földedből, és a te rokonságod közül, és a te* *atyádnak házából, a földre, a melyet én mutatok néked."* (1 Móz 12,1). Akkor is szó nélkül engedelmeskedett, amikor Isten azt mondta: *"Vedd a te fiadat, ama egyetlenegyedet, akit szeretsz, Izsákot, és menj el Mórijának földére, és áldozd meg ott égő áldozatúl a hegyek közül egyen, a melyet mondándok néked."* (1 Móz 22,2). Ez azért volt, mert Ábrahám hitt Istenben, aki a holtakat is fel tudja támasztani (Zsid 11,19). Azért tudott ilyen áldás és a hit atyja lenni, mert szilárdan hitt Istenben. Ezért Isten gyermekei, akik elfogadják Jézust Megváltójuknak, Ábrahám hitével kell rendelkezniük. Akkor majd dicsőíthetik az Urat, mert a föld minden áldása az övék lesz.

Három: hogy a Lélek ígéretét adja

Gal 3,14 második része így szól: *"hogy a lélek ígéretét elnyerjük hit által."* Ez azt jelenti, hogy aki hiszi, hogy Jézus meghalt a keresztfán az emberekért, az megszabadul a törvény átkától, és elnyeri a Szentlélek ígéretét. Emellett, aki elfogadja Jézust Megváltójának, hatalmat kap, és Isten és a Szentlélek gyermekévé válik biztosítékul (Jn 1,12; Róm 8,16).

Amikor elnyerjük a Szentlelket, Istent úgy szólíthatjuk, hogy Abbá, Atyám (Róm 8,15), nevünk beíratik a mennyben az Élet Könyvébe (Lk 10,20). és a mennyben lesz lakásunk (Fil 3,20). Ez azért van, mert a Szentlélek, ami Isten szíve és ereje, elvezet minket az örökéletre azáltal, hogy segít megérteni Isten igéjét meg azt, hogy miként élhetnénk hit által az Ő igéje szerint.

De csak akkor jutunk megváltásra, amikor nemcsak elfogadjuk megváltónknak Jézust, de tiszta szívből hisszük, hogy megtörte a halál hatalmát és feltámadt. Róm 10,9 szól erről: *"Mert ha a te száddal vallást teszel az Úr Jézusról, és szívedben hiszed, hogy az Isten feltámasztotta őt a halálból, megtartatol."* Az idők kezdete előtt Isten már eltervezte a nagy tervet, hogy azok, akik hisznek Jézus Megváltó voltában, egyesülnek Istennel és megváltásra jutnak. Ez a terv csodás és nagyon titokzatos. Az embereknek a halál útjára kellett lépniük az első ember bűne miatt a szellemi birodalom törvénye szerint, ami kimondja, hogy „A bűn zsoldja a halál." De ugyanazon törvény szerint megszabadulhattak a törvény átkától, és hit által megmenekülhettek, mert a Sátán megszegte a szellemi birodalom törvényét.

Az emberek fájdalomtól, bajtól és haláltól szenvedtek, amiket az ellenséges ördög hozott rájuk, amikor a bűn szolgájává váltak Ádám engedetlensége folytán. Ám aki elfogadja Jézust Megváltójának és elnyeri a Szentlelket, megváltást, örök életet, feltámadást és túláradó áldásokat nyerhet.

Az Isten gyermekének járó előjogok és áldások

Aki kitárja szívét, és elfogadja Jézus Krisztust, az bocsánatot nyer és jogot, hogy Isten gyermekévé váljon, s szívébe béke és öröm költözik. Ez azért lehetséges, mert Jézus egyszer s mindenkorra magára vette a bűneinket, amikor keresztre feszítették, Így hát a Zsolt 103,12 így szól: *"A milyen távol van a napkelet a napnyugattól, olyan messze veti el tőlünk a mi vétkeinket. "* A Zsid 10,16-18-ban azt is írja: *„Ez az a szövetség, melyet kötök velök ama napok után, mondja az Úr: Adom az én törvényeimet az ő szíveikbe, és az ő elméjükbe írom be azokat. Azután így szól: És az ő bűneikről és álnokságaikról többé meg nem emlékezem. A hol pedig bűnök bocsánata vagyon, ott nincs többé bűnért való áldozat. "* A világon semmi nincs, amit hasonlítani lehetne a joghoz, amit Isten gyermekei nyernek a hit által. E világon a király vagy az elnök gyermekeinek a joga nagyon erős. Mekkora lehet hát a Teremtő gyermekeinek a joga, aki az egész világon uralkodik, s az emberiség történelmét és a világegyetemet irányítja?

Isten nem tekinti igazi hitnek, ha egyszerűen csak ezt állítjuk: Jézus a Megváltó. Meg kell értenünk, ki is Jézus Krisztus, miért Ő az egyedüli lehetséges Megváltó számunkra, és igaz hittel kell rendelkeznünk e tudás alapján. Ezzel az igaz hittel aztán megérthetjük a gondviselés tervét, melyet Isten a keresztben rejtett el, és vallhatjuk a következőt: „Az Úr a Krisztus, és az élő Isten Fia." Sőt, Isten akarata szerint élhetünk. Ezen igaz hit nélkül nehéz szívből hinni és Isten igéje szerint élni. Ennekokáért azt mondta Jézus Mt 7,21-ben: *„Nem minden, a ki ezt mondja nékem: Uram, Uram! megyen be a mennyek országába, hanem a ki cselekszi az én mennyei Atyám akaratát. "* Jézus világosan kijelentette, hogy csak azok nyernek megváltást, akik Jézust „Uram, Uram"-nak szólítják, és Isten akarata és igéje szerint élnek.

A világon más név nem lehetséges, csak a Jézus Krisztus

ApCsel 4. része leír egy jelenetet, melyben Péter és János merészen tanúbizonyságot tesznek Jézus Krisztus nevéről a Szanhedrin előtt. Őszintén hittek abban, hogy a Jézus Krisztuson kívül nincs más név, melyen át megváltásra lehet jutni, és Péter, akit eltöltött a Szentlélek, hatalmat nyert kijelenteni: *„És nincsen senkiben másban idvesség; mert nem is adatott emberek között az ég alatt más név, mely által kellene nékünk megtartatnunk."* (ApCsel 4,12). Milyen szellemi jelentések rejtőznek a Jézus Krisztus névben? És miért nem adott nekünk Isten más nevet a Jézus Krisztuson kívül, amin át megváltásra juthatunk?

A különbség a Jézus és a Jézus Krisztus között

ApCsel 16,31 azt mondja: *„Higyj az Úr Jézus Krisztusban, és idvezülsz mind te, mind a te házadnépe!"* Fontos oka van annak, hogy Úr Jézus Krisztust mond Jézus helyett.

Itt a Jézus olyan embert jelent, aki megmenti a népét a bűneitől. A Krisztus görög szó, azt jelenti, mint héberül a Messiás. Azt jelenti, hogy „felkent" (ApCsel 4,27), és a Megváltóra vonatkozik, aki a Közvetítő Isten és ember között. Azaz Jézus az eljövendő megváltó neve, de a Krisztus a Megváltó neve, aki már megváltotta az embereket.

Az ószövetségi időkben Isten felkente az eljövendő királyt, papot vagy prófétát: olajat öntött a felkenendő személy fejére (3

Móz 4,3; 1 Sám 10,1; 1 Kir 19,16). Az olaj a Szentlélek jelképe.
Ezért felkenni valakit annyi, mint a Szentlelket adni az Isten által
kiválasztott személynek.

Jézus felkenetett mint Király, Főpap és Próféta, és testként
leszállt erre a világra, hogy minden embert megváltson Isten
gondviselő terve folytán, mely az idők kezdetei előtt eldöntetett.
Keresztre feszítették, hogy megmentsen bennünket, és a
Megváltónk lett, amikor harmadnap feltámadott. Ezáltal ő a
Megváltó, aki betöltötte Isten gondviselő tervét a megváltásra.
Azaz ő a Krisztus.

A keresztre feszítés előtti Jézust csak Jézus néven emlegetjük.
A keresztre feszítés és a feltámadás után viszont Jézus Krisztus,
Úr Jézus vagy Úr néven kell beszelni róla.

Tudnotok kell, hogy a Jézus és a Jézus Krisztus kifejezések
erejében nagy különbség van. Jézus az a név, amin azelőtt
szólították, mielőtt a megváltás tervét beteljesítette volna, és az
ellenség, az ördög nem fél annyira ettől a névtől. A Jézus Krisztus
név viszont a következő három dologra utal: a vérre, ami
megmentett minket bűneinktől; a feltámadásra, ami megtörte a
halál hatalmát; és az életre, ami örökkévaló. E név előtt viszont
reszket félelmében az ellenség.

Sokan elhanyagolják ezt a tényt, mert nem értik a
különbséget. De az az igazság, hogy Isten tettei és válasza attól is
függnek, hogy milyen néven szólítjuk (ApCsel 3,6).

Amikor a mi Urunk Jézus Krisztus nevében imádkozunk
Istenhez, és nem feledkezünk meg minderről, győzedelmes
életünk lesz, melyet betölt a Mindenható Isten azonnali és
bőséges válasza imáinkra.

Jézus teljes engedelmessége

Bár Jézus legvalódibb természete szerint Isten volt, az Istennel
való egyenlőséget Ő nem tartotta megfogható dolognak, és nem
is ragaszkodott körömszakadtáig isteni jogaihoz. Semmivé tette
magát; szerény rabszolgaként lépett fel, és emberi formában
jelent meg. A jó szolgának nincs saját akarata. Gazdája akarata szerint
cselekszik, nem a magáé szerint. A szolgának kötelessége gazdája
akaratának engedelmeskedni függetlenül attól, hogy
megegyezik-e saját akaratával és érzéseivel. Jézus a jó szolga
szívével engedelmeskedett Isten akaratának, s így be tudta
teljesíteni küldetését az emberek megváltására.

Isten felmagasztalta Jézust, aki engedelmeskedett Isten
akaratának, és sok emberrel vallatta, hogy Ő az Úr.

*Annakokáért az Isten is felmagasztalá őt, és
ajándékoza néki oly nevet, a mely minden név fölött
való; hogy a Jézus nevére minden térd meghajoljon,
mennyeieké, földieké és föld alatt valóké. És minden
nyelv vallja, hogy Jézus Krisztus Úr az Atya Isten
dicsőségére. (Fil 2,9-11)*

Az Úr Jézus név Isten hatalmáról tanúskodik

Ján 1,3 ezt írja: *„Minden ő általa lett és nála nélkűl semmi
sem lett, ami lett."* Mivel minden Jézus által lett, hatalma van
Teremtőként uralkodni minden felett. Amikor Jézus, a Teremtő

Fia parancsolta, élettelen dolgok, mint a viharos szél és hullámok engedelmeskedtek neki, és lecsillapodtak, és a fügefa azonnal elszáradt, mihelyt megátkozta. Jézusnak hatalma volt megbocsátani a bűnöket és megmenteni a bűnösöket bűneik büntetésétől. Így Jézus azt mondta egy bénának Mt 9,2-ben: *„Bízzál fiam! Megbocsáttattak néked a te bűneid."* a 6. igében meg így szólt: *„Hogy pedig megtudjátok, hogy az ember Fiának van hatalma a földön a bűnöket megbocsátani (ekkor monda a gutaütöttnek): Kelj föl, vedd a te ágyadat és eredj haza."* Emellett Jézusnak hatalma volt mindenféle betegségeket meggyógyítani és a halottakat feltámasztani. Jn 11 leír egy jelenetet, melyben a halott Lázás kijön a sírból úgy, hogy kezelába gyolccsal van testéhez szorítva, amikor Jézus így kiált: „Lázár, jöjj ki." Négy napja halott volt, és már hullaszaga volt, ennek ellenére egészséges emberként jött ki a sírjából. Hasonlóképpen Jézus mindent megad nektek, amit hittel kértek, mert csodás isteni ereje van.

Jézus Krisztus, Isten szeretete

Ahogy 1 Jn 4:10-ben meg van írva: *„Nem abban van a szeretet, hogy mi szerettük az Istent, hanem hogy ő szeretett minket, és elküldte az ő Fiát engesztelő áldozatul a mi bűneinkért."* Isten látnunk engedte elképesztő szeretetét. Elküldte egyszülött Fiát engesztelő áldozatul, amíg még bűnösök voltunk. Isten nagy fájdalmat élt át, és megnyitotta az emberi megváltás útját, amikor Fiát, Jézust keresztre feszítették, és vérét ontották. Mit érezhetett a szeretet Istene, amikor látnia kellett egyszülött Fiát, Jézust a kereszten? Isten kénytelen volt mindezt trónján ülve végignézni. Mt 27,51-54 elmondja, mennyire szenvedett Isten, amikor Jézust keresztre feszítették.

És ímé a templom kárpitja fölétől aljáig ketté hasada, és a föld megindula, és a kősziklák megrepedeznek; és a sírok megnyílának, és sok elhúnyt szentnek teste föltámada. És kijövén a sírokból, a Jézus föltámadása után bementek a szent városba, és sokaknak megjelenének. A százados pedig és a kik ő vele őrizték vala Jézust, látván a földindulást és a mik történtek vala, igen megrémülének, mondván: Bizony, Istennek fia vala ez!

Ebből világosan látszik, hogy Jézust nem saját bűnei miatt, hanem azért feszítették meg, mert Isten annyira szerette az embereket, hogy megváltásra akarta vezetni őket. És sok ember mégsem fogadja el, fel sem fogja Isten elképesztő szeretetét.

Ádám engedetlensége után az emberek nem lehettek többé Istennel, és bűnös természetű emberekké váltak. De Jézus leszállt a földre, és ő lett a Közvetítő Isten és miköztünk, hogy Immanuel áldását Ő minden emberre kiterjeszthesse (Mt 1,23). Jézus kereszt általi fájdalma és szenvedései folytán mi igaz békét és nyugalmat nyerünk.

Ennekokáért remélem, megértitek Isten nagy szeretetét, aki egyszülött Fiát adta váltságdíjul, hogy megmentsen bennünket a bűnöktől és örök haláltól, és az Úr áldozatos szeretetét, aki, bár

Ő maga folttalan volt, keresztre feszíttetett helyettünk, és megnyitotta a megváltás útját.

6. fejezet

A KERESZT MINT A GONDVISELÉS ESZKÖZE

- Istállóban született és jászolba fektették
- Jézus szegénységben élte le az életét
- Megkorbácsolták, és vérét ontotta
- A töviskoronát viseli
- Jézus ruhái és köntöse
- Szegekkel döfték át kezét-lábát
- Jézus lábszárát nem törték el,
  de oldalát átdöfték

Pedig betegséginket ő viselte, és fájdalmainkat hordozá, és mi azt hittük, hogy ostoroztatik, verettetik és kínoztatik Istentől! És ő megsebesíttetett bűneinkért, megrontatott a mi vétkeinkért, békességünknek büntetése rajta van, és az ő sebeivel gyógyulánk meg. Mindnyájan, mint juhok eltévelyedtünk, kiki az ő útjára tértünk: de az Úr mindnyájunk vétkét ő reá veti.

Ésa 53,4-6

Isten tervében, hogy igaz gyermekeket nyerjen, a legfontosabb rész az, hogy Jézus testté válva eljött erre a világra mindenféle szenvedésen ment keresztül, és kereszthalált halt. Mindezek által utat nyitott az emberek megváltására. A keresztnek mint az isteni gondviselés eszközének mély szellemi jelentése van. Jézus, Isten egyszülött fia, lemondván a mennyei dicsőségről, istállóban született, és egész életében szegénységben élt.

Ráadásul megkorbácsolták, kezén-lábán szeget vertek át, töviskoronát viselt, és vér és víz ömlött testéből, amikor oldalába lándzsát döftek. A Jézus által átélt minden egyes szenvedésben benne van Isten túláradó szeretete.

Amikor teljesen megértjük a kereszt és Jézus szenvedéseinek szellemi jelentését, szívünkben bizonyosan szeretet ébred Isten iránt, és igaz hitet nyerünk. Választ kaphatunk minden gondunkra is, mint a szegénység és betegség, és elnyerhetjük az örökkévaló mennyei birodalmat.

Istállóban született és jászolba fektették

Jézus, aki legbensőbb természete szerint Isten, mennynek és földnek ura volt, a legdicsőségesebb lény. Ennek ellenére testté válva leszállt a földre, hogy megmentse az embereket a bűntől, és megváltásra vezesse őket. Jézus a Teremtő Isten egyszülött fia. Hát akkor miért nem született pazar palotában vagy legalább meleg szobában? Nem intézhette volna úgy Isten, hogy gyönyörű helyen szülessen? Miért tette, hogy Jézus istállóban született, és jászolban feküdt? Mindennek mély szellemi jelentése van. Tudnunk kell, hogy Jézus szellemi értelemben a legdicsőségesebb módon született. Bár az emberek nem láthatták testi szemeikkel, Isten annyira örült Jézus születésének, hogy dicsfénnyel övezte a csecsemőt hatalmas mennyei sereg és angyalok kíséretében. Isten örömét megérezhetjük Lk 2,14-ből, ami feljegyzi a következőket: *„Dicsőség a magasságos mennyekben az Istennek, és e földön békesség, és az emberekhez jó akarat!"* Isten pásztorokat és a napkeleti bölcseket is elhozta, hogy imádják a csecsemő Jézust.

Jézust azért imádták és dicsőítették ennyire, mert később Ő nyitott utat a megváltás felé azáltal, hogy eljött a világra, emberek seregei juthatnak be a mennyországba Isten gyermekeiként, és Jézus, Isten Fia a királyok Királyává és az urak Urává vált.

Jézus születése az isteni gondviselés eszköze

Amikor Jézus született, Augustus császár rendeletet adott ki, hogy az egész Római Birodalomban tartassék népszámlálás. A zsidó nép római uralom alatt élt, és ki-ki visszatért szülővárosába, hogy beírassa magát, a császár rendeletének engedelmeskedve.

József szintén elment menyasszonyával, Máriával a galileai

Názáret városából Betlehembe, Dávid városába, mert Dávid házához és törzséhez tartozott. Máriát már indulásuk előtt odaígérték Józsefnek, és gyermeket fogant a Szentlélek által, s elsőszülöttének, Jézusnak ott, Betlehemben adott életet.

A Betlehem név annyit tesz, mint a Kenyér Háza, és Dávid Király szülővárosa volt (1 Sám 16,1). Mik 5,2 a következőképpen ír Betlehemről: *"De te, Efratának Betleheme, bár kicsiny vagy a Júda ezrei között: belőled származik nékem, a ki uralkodó az Izráelen; a kinek származása eleitől fogva, öröktől fogva van."* Betlehemről megjósolták a próféták, hogy a Messiás szülővárosa.

Mária és József nem talált szállást egy fogadóban sem, mert több ezer ember volt Betlehemben a népszámlálás miatt. Ezért Mária egy istállóban szülte meg gyermekét. Bepólyálta, és befektette egy vályúba, amiből tehenek és lovak szoktak enni. Miért is született Jézus, az emberek Megváltója, ilyen nyomorúságos körülmények közt?

Hogy az elállatiasodott embereket megmentse

Préd 3,18 így szól: *"Így szólék azért magamban: az emberek fiai miatt van ez így, hogy kiválogassa őket az Isten, és hogy meglássák, hogy ők magokban véve az oktalan állatokhoz hasonlók."* Az emberek, akik már nem Isten képmásai, Isten szemében olyanok, mint az állatok. Az első ember, Ádám eredetileg Isten képmására teremtett élőlény volt. Szellemi ember volt, mert Isten csak igazat tanított neki.

De Ádám evett a jó és gonosz tudásának fájáról Isten parancsolata ellenére, ezért szelleme meghalt, és nem tudott többet kommunikálni Istennel. Ráadásul megszűnt a teremtés urának lenni. A Sátán felbújtotta Ádámot, hogy a bűnös természetet kövesse, és tiszta és igaz szíve tisztátlan és hamis szívvé változott. Mindennapi életünkben hallani néha a kifejezést: elállatiasodott. A médiában gyakran hallunk elállatiasodott emberekről. Saját javukat nézve könnyűszerrel becsapják és megtévesztik szomszédaikat, vevőiket, barátaikat és rokonaikat. Szülők meg gyerekek gyűlölik és néha készek megölni egymást. Az emberek azért mernek ilyen gonoszságokat tenni, mert a szellem halála óta a lélek lett az ember ura, és bűneik miatt már nem Isten képmásai. Mint az állatoknak, csak testük meg lelkük van, és az ilyen emberek nem juthatnak be a mennyországba, és nem nevezhetik Istent Abbának, Atyának. Jézus azért született istállóban, hogy megváltsa az elállatiasodott embereket.

Jézus az igazi szellemi eledel

Jézust jászolba fektették, a lovak etetőjébe, hogy igazi szellemi eledele legyen az elállatiasodott embereknek (Jn 6,51).

Más szóval az isteni gondviselés műve volt, hogy az embereket a teljes megváltásra vezesse azáltal, hogy lehetővé tegye, hogy visszanyerjék Isten elveszített képmását, és teljes emberi kötelességüket megtegyék. És hogy mi az ember teljes kötelessége? Préd 12,15-16 nyújt néhány fogódzót:

A dolognak summája, mindezeket hallván, ez: az Istent féljed, és az ő parancsolatait megtartsad; mert ez az emberek fődolga! Mert minden cselekedetet az Isten ítéletre előhoz, minden titkos dologgal, akár jó, akár gonosz legyen az.

Mit jelent az, hogy „az Istent féljed"? Péld 8,13 elmondja, hogy *„Az Úrnak félelme a gonosznak gyűlölése."* Azaz Istent félni annyi, mint nem elfogadni a gonoszt többé, s ugyanakkor elvetni minden gonoszságot a szívünkből.

Ha őszintén féljük Istent, igyekezzünk megszabadulni mindenféle gonosztól, küzdeni a bűn ellen és elvetni azt, még ha vérünket is kényszerülünk ontani érte. Mint amikor a diákok keményen tanulnak a jobb jövő reményében, igyekezzünk félni Istent és megtenni az ember teljes kötelességét, hogy Isten szeretetét és áldásait élvezhessük.

A Bibliában olvashatjuk a parancsolatokat, amiket Isten gyermekeinek adott: „Tedd ezt; ne tedd azt; tartsd meg ezt; és vesd el amazt." Isten egyrészt elmondja, hogy Isten gyermekeinek a kötelességei a következők: „Imádkozz, szeress, adj hálát, stb." Másrészt Isten megtiltja nekünk a halálra vivő dolgokat: gyűlöletet, házasságtörést és részegséget.

Azt is mondja, hogy tartsunk be bizonyos parancsolatokat, mint: „Szenteljük meg a szombatot", „Tartsuk be az ígéreteinket", és így tovább. Isten a káros dolgok elvetésére is ösztönöz, hogy: „Óvakodjunk a gonosz minden formájától", „Vesd el a mohóságodat" és így tovább.

Az embernek kötelessége félni Istent és megtartani a parancsolatait. Isten az Ítélet Napján számon kér majd tőlünk minden tettünket, minden apróságot, jót és rosszat egyaránt.

Ezért ha úgy élünk, mint az állatok, anélkül, hogy az ember teljes kötelességét teljesítenénk, természetes, hogy pokolra hullunk Isten ítélete folytán.

Hasonlóképpen, Jézus azért született istállóban és azért feküdt jászolban, hogy megmentse az elállatiasodott embereket, és igaz szellemi táplálékká váljon az emberek számára.

Jézus szegénységben élte le az életét

Jn 3,35-ben olvashatjuk: *„Az Atya szereti a Fiút, és az ő kezébe adott mindent."* Kol 1,16 meg ezt írja: *„Mert Ő benne teremtetett minden, a mi van a mennyekben és a földön, láthatók és láthatatlanok, akár királyi székek, akár uraságok, akár fejedelemségek, akár hatalmasságok; mindenek Ő általa és Ő reá nézve teremtettek."* Más szóval Jézus a Teremtő egyetlen Fia, és minden dolgok Ura mennyen és földön.

Hát akkor miért szállt le erre a világra ilyen alantas helyzetbe, és miért élt szegénységben, ha legbensőbb természete szerint a Mindenható Isten volt, és minden mértékkel mérve gazdag volt?

Hogy megváltsa az embereket a szegénységtől

2 Kor 8,9-ben olvashatjuk. *„Mert ismeritek a mi Urunk Jézus Krisztusnak jótéteményét, hogy gazdag lévén, szegénnyé lett érettetek, hogy ti az ő szegénysége által meggazdagodjatok."* Isten elképesztő szeretete nyilvánul meg ebben. Jézus, bár a királyok Királya, az urak Ura, és a Teremtő

Isten egyszülött fia volt, feladta a menny dicsőségét, eljött erre a világra, és szegénységben élt az emberek lenézésétől és bántásaitól sújtva, hogy megváltsa az embereket a szegénységtől. Kezdetben Isten arra teremtette az embert, hogy homloka verítéke nélkül szedjen és egyen gyümölcsöket, és fáradságos munka nélkül élvezze a bőséget. De miután az első ember, Ádám nem engedelmeskedett Isten szavának, és a romlás útjára lépett, az ember csak fáradságos munkával, homloka verítékével szerezhette meg kenyerét. Emiatt az ember gyakran szükségben, szegénységben él.

A szegénység önmagában nem bűn, ezért Jézus nem azért ontotta vérét, hogy a szegénységtől megmentsen bennünket. De azért a szegénység átok, amit Ádám engedetlensége okozott, ezért Jézus úgy tett bennünket gazdaggá, hogy Ő maga szegénységben élt.

Egyesek szerint Jézus szegény mivolta szellemi szegénységére utal. De mivel Jézus a Szentlélektől fogantatott és egy az Atyaistennel, nem helyes azt hinni, hogy szellemében szegény volt.

Nem szabad elfelednünk, hogy Jézus szegénységben élt, hogy megszabadítson minket a szegénységtől, és bőségben élhessünk, miközben hálát adunk Isten szeretetéért és kegyességéért.

Egyesek azt mondják, helytelen pénzért imádkozni. Mások úgy gondolják, hogy a kereszténynek szegénységben kell élniük. Isten akarata egyáltalán nem ez.

A Bibliában sok áldást olvashatunk. 5 Móz 28,2-6-ban például ezt olvashatjuk:

És reád szállanak mind ez áldások, és megteljesednek rajtad, ha hallgatsz az Úrnak, a te Istenednek a szavára. Áldott leszesz a városban, és áldott leszesz a mezőben. Áldott lesz a te méhednek gyümölcse és a te földednek gyümölcse, és a te barmodnak gyümölcse, a te teheneidnek fajzása és a te juhaidnak ellése. Áldott lesz a te kosarad és a te sütő tekenőd. Áldott leszesz bejöttödben, és áldott leszesz kimentedben.

3 Jn 1,2 erre biztat: *„Szeretett barátom, kívánom, hogy mindenben jól legyen dolgod, és légy egészséges, a mint jó dolga van a lelkednek."* Sőt, Isten kiválasztottai, mint Ábrahám, Izsák, Jákob, József és Dániel mind gazdagok voltak.

Gazdagnak lenni

Isten igazságossága folytán ki mint vet, úgy arat. Mivel a szülők csak jót akarnak adni gyermekeiknek, szerető Istenünk meg akarja adni nekünk mindazt, amit hittel kérünk (Mk 11,24).

Isten meg akarja válaszolni imáinkat és meg akar áldani, de ha nem kérünk, vagy válogatás nélkül kérünk, nem kapunk semmit. Eképpen, ha úgy akarunk aratni, hogy nem vetettünk semmit, gúnyt űzünk Istenből és megszegjük a szellemi törvényt.

Egyesek azt mondják: „Szeretnék vetni, de nem tudok, mert nagyon szegény vagyok." De a Bibliában sok embert találunk, akik szegények voltak, de mindent megtettek, hogy vethessenek, és gazdagon megjutalmaztattak érte.

A Királyok Első Könyvének 17. részében olvashatjuk, hogy egyszer harmadfél éves éhínség volt az országban. Egy özvegyasszony a sidoni Sareptában kis kenyérpogácsát készített Illés prófétának a vékában maradt marok lisztecskéből és a korsóban maradt kevés olajból. Istennek annyira tetszett, hogy az Ő szolgáját kiszolgálta, hogy bőségesen megáldotta: sem a vékabeli liszt el nem fogyott, sem a korsóbeli olaj nem lett kevesebb, míg az Úr esőt nem adott a földnek színére (1 Kir 17,14). Egy alkalommal, Jézus idejében, egy szegény özvegyasszony két nagyon kis értékű pénzérmét tett a templom perselyébe. Ennek ellenére Jézus példaként állította, mondván, hogy az a szegény özvegyasszony többet tett be, mint a többi együttvéve. Mert ő az ő szegénységéből adta, amije csak volt, a többiek meg csak a fölöslegükből (Mk 12,42-44).

A legfontosabb, hogy el legyetek szánva mindent odaadni Istennek. Isten nem nézi adományotok mennyiségét, de megérzi az adományban levő szeretet és hit kellemes illatát, és bőségesen megáld.

Megkorbácsolták, és vérét ontotta

A keresztre feszítés előtt a római katonák kigúnyolták és megalázták Jézust: arcul ütötték, megköpdösték és így tovább. Meg is korbácsolták: a korbács hosszú bőrszíj, melynek végén ólomdarabok függnek.

Akkoriban a római katonák a világ legerősebb és

legfegyelmezettebb emberei voltak. Tudjátok, mennyire fájhatott Jézusnak, amikor letépték ruháit, és megkorbácsolták? Amikor a korbáccsal csapkodták testét, húsa felszakadt, kilátszottak a csontjai és ömlött a vére.

Hogy beteljesedjék Ésaiás jóslata: *"Hátamat odaadám a verőknek, és orcámat a szaggatóknak, képemet nem födöztem be a gyalázás és köpdösés előtt."* (Ésa 50,6), Jézus soha nem próbálta elkerülni a korbácsütéseket.

Betegeket gyógyított

De miért korbácsolták meg Jézust, miért ontotta vérét? Miért hagyta Isten, hogy ezt tegyék Fiával? Ésaiás könyvének 53. része megmagyarázza Jézus szenvedéseinek értelmét:

És ő megsebesíttetett bűneinkért, megrontatott a mi vétkeinkért, békességünknek büntetése rajta van, és az ő sebeivel gyógyulánk meg. Mindnyájan, mint juhok eltévelyedtünk, kiki az ő útjára tértünk; de az Úr mindnyájunk vétkét ő reá veté (Ésa 53,5-6).

Jézust a mi vétkeinkért, a mi bűneinkért sebesíttetett és rontatott meg. Azért ostoroztatott, verettetett és kínoztatott, hogy nekünk békességünk legyen, és a betegségektől megszabaduljunk.

Máté evangéliumának 9. részében, amikor Jézus meggyógyított egy ágyban fekvő gutaütött embert, előbb a bűnei kérdését oldotta meg, mondván: „Megbocsáttattak néked a te bűneid." Csak ezután mondta neki Jézus: „Kelj föl, vedd a te ágyadat és eredj haza."

János evangéliumának 5. részében, miután Jézus meggyógyított egy embert, aki már harmincnyolc évet töltött betegségében, azt mondta neki: „Ímé meggyógyultál; többé ne vétkezzél, hogy rosszabbúl ne legyen dolgod!" (Jn 5,14). A Biblia arra tanít bennünket, hogy a betegségek a bűneink miatt sújtanak. Ezért csak úgy szabadulhatunk meg betegségeinktől, ha valaki megoldja bűneink gondját. Ám vérontás nélkül nincs bűnbocsánat (3 Móz 17,11). Ezért az ószövetségi időkben, ha valaki bűnt követett el, a papok levágtak egy állatot engesztelő áldozatul. De nekünk már nem kell állatot vágnunk áldozatul, miután Jézus testté válva eljött erre a világra, és ontotta folttalan, kristálytiszta és erős vérét. Jézus szent vére engesztelés az emberek minden múlt-, jelen- sőt jövőbéli bűneiért.

Elvette erőtlenségünket és betegségünket

Mt 8,17-ben olvashatjuk: „Hogy beteljesedjék, a mit Ésaiás próféta mondott, így szólván: Ő vette el a mi erőtlenségünket, és ő hordozta a mi betegségünket." Ezért, ha tudjuk miért korbácsolták meg Jézust, miért ontotta vérét, nem kell erőtlenségtől és betegségtől szenvednünk.

1 Pt 2,24-ben olvashatjuk: „A ki a mi bűneinket maga vitte fel testében a fára, hogy a bűnöknek meghalván, az igazságnak éljünk: a kinek sebeivel gyógyultatok meg." Múlt időt használ a szerző, mert Jézus már megváltotta minden ember bűnét.

Annak ellenére, hogy állításuk szerint hisznek abban, hogy Jézus magára vette erőtlenségünket és betegségünket, amikor megkorbácsolták és vérét ontotta, miért szenvednek betegségekben mégis egyesek?

Isten így szól 2 Móz 15,26-ban: „*Ha a te Uradnak Istenednek a szavára hűségesen hallgatsz és azt cselekszed, a mi kedves az ő szemei előtt és figyelmezel az ő parancsolataira és megtartod minden rendelését: egyet sem bocsátok reád ama betegségek közül, a melyeket Égyiptomra bocsátottam, mert én vagyok az Úr, a te gyógyítód.*" Ez azt jelenti, hogy ha azt teszed, ami Isten szemében helyes, nem szenvedsz majd a betegségektől, mert Isten, akinek szeme mint a parázsló tűz, megoltalmaz tőlük.

Nézzünk egy példát. Amikor egy gyermek sírva jön haza, mert megverte a szomszéd gyerek, a szülők reakciója nagyon különböző lehet attól függően, hívő emberek-e vagy sem.

Van, aki erre tanítja gyermekét: „Miért hagyod, hogy megverjenek? Ha megütnek egyszer, add vissza kétszer-háromszor." Van, aki elmegy a verekedő gyermek szüleihez, és panaszt tesz náluk. Van, aki nem tesz semmit, de szíve mélyén fel van háborodva és méltatlankodik.

De Isten azt mondja, hogy a gonoszt jósággal győzzük le, szeressük még az ellenségeinket is, és törekedjünk békére mindenkivel, mondván: „*Én pedig azt mondom néktek: Ne álljatok ellene a gonosznak, hanem a ki arcul üt téged jobb felől, fordítsd felé a másik orcádat is.*" (Mt 5,39)

Ennekokáért, ha azt tesszük, ami az Ő szemében tetszetős, nem nehéz megtartani Isten parancsolatait. Ha folytonosan imádkozunk és igyekszünk, Isten kegyelme és ereje száll ránk, és könnyedén megteszünk bármit a Szentlélek segítségével. Ha levetkőzzük bűneinket, és azt tesszük, ami Istennek tetszetős, betegség nem tehet kárt bennünk. Még ha meg is betegszünk, a Gyógyító Isten megbocsátja bűneinket, és teljesen meggyógyít, amikor megróbáljuk kideríteni, mit tehettünk rosszul Isten szempontjából, és szívből megbánjuk.

Bár szájunkkal azt valljuk, hogy Isten mindenható, ha a világra támaszkodunk vagy kórházba megyünk, ha valami gondunk vagy betegségünk van, Isten nem lesz megelégedve velünk, mert ez azt bizonyítja, hogy nem hiszünk igazán a Mindenható Istenben (2 Krón 16).

A töviskoronát viseli

A korona tulajdonképpen a királyok ékszere, királyi öltözettel viselik. Bár Jézus Isten egyszülött Fia volt, a királyok Királya és az urak Ura, hosszú, kemény tövisekből készült koronát viselt aranyos, ezüstös, drágakövekkel díszített szépséges korona helyett.

Akkor a helytartó vitézei elvivék Jézust az őrházba, és oda gyűjték hozzá az egész csapatot. És levetkeztetvén őt, bíbor palástot adának reá. És tövisből fonott koronát tőnek a fejére, és nádszálat a jobb kezébe; és térdet hajtva előtte, csúfolják vala őt, mondván: Üdvözlégy zsidóknak királya! És mikor megköpdösék őt, elvevék a nádszálat, és a fejéhez verdesik vala. (Mt 27,27-30)

A római katonák tövisekből fontak egy túlságosan szűk koronát Jézusnak, és jól belehúzták a fejébe. Így a tövisek beledöftek homlokába, és vér folyt le arcán. Miért hagyta a Mindenható Úr, hogy egyszülött Fia töviskoronát viseljen, szenvedjen és vérét ontsa?

Elsősorban Jézus azért viselt töviskoronát, hogy a gondolatban elkövetett bűneinket jóvátegye.

Amikor az Isten teremtette ember még kapcsolatban állt Ővele, és engedelmeskedett Igéjének, nem vétkezett, mert mindig Isten akaratával összhangban gondolkozott, és engedelmeskedett neki.

Ám miután a kígyó megkísértette, és a Sátán a fejébe ültette azt a gondolatot, hamarosan vétkezett. Azelőtt sose gondolt arra, hogy egyen a jó és gonosz tudásának fájáról. Miután viszont megkísértettetett, evett, mert finom ételnek tűnt, tetszetős volt a szemnek, és azt akarta, hogy bölcsességet nyerjen.

Hasonlóképpen a Sátán, kinek felbujtására Ádám és Éva megszegte Isten parancsolatát, ma azon ügyködik, hogy mi gondolatban vétkezzünk.

Az emberi agyban emlékezetért felelős sejtek vannak. Születésünktől kezdve minden, amit látunk, hallunk és megtudunk, elraktározódik a memóriasejtekben az érzésekkel együtt, amiket az egyes események, emberek és információk keltenek bennünk. Ezt nevezzük tudásnak. A gondolatnak nevezett fogalom az elraktározott tudás felidézése a lélek révén.

Minden ember más-más környezetben nő fel. Az általuk

látott, hallott és megtudott dolgok különböznek a mások által látott, hallott és megtudott dolgoktól, és az is különbözik, amit elraktároznak agyukban. Még ha ugyanazt látták, hallották és tudták is meg, mindenkinek megvannak az érzelmei, így hát elkerülhetetlen, hogy az emberek értékrendje különbözzék egymástól. Isten igéje gyakran nem egyezik saját tudásunkkal és feltevéseinkkel. Lehet például, hogy azt hisszük, hogy ha fennebb akarunk jutni, mindent meg kell tennünk, hogy mások fölé kerekedjünk. Ám Isten arra tanít, hogy aki magát megalázza, felmagasztaltatik (Mt 23,12).

A legtöbb ember szerint egészen természetes, hogy gyűlöljük ellenségeinket, de Isten azt mondja: „Szeresd ellenségedet", és „Ha ellenséged éhezik, adj ennie, ha szomjazik, adj innia."

Isten gondolatai szellemi, az emberéi viszont testi természetűek. A Sátán testi gondolatokat ültet fejünkbe, hogy megkísértsen Isten elhagyására, igyekszik megakadályozni az igaz hit elnyerésében, és arra késztet, hogy világias utat kövessünk, ami végül a bűnhöz és az örök halálhoz vezet.

Mt 16,21-ben és a következő igékben Jézus megmagyarázta tanítványainak, hogy sokat kell majd elszenvednie, kereszthalált hal és harmadnap feltámad. Ezt hallván Péter félrevonta Jézust, és feddni kezdte, mondván: *„Mentsen Isten, Uram! Nem eshetik meg ez te véled"* (22. ige). De Jézus megfordult, és haragosan mondta Péternek: *„Távozz tőlem Sátán; bántásomra vagy nékem; mert nem gondolsz az Isten dolgaira, hanem az emberi dolgokra."* (23. ige). Amikor Jézus haragosan így szólt: „Távozz tőlem, Sátán", nem Pétert hívta Sátánnak, hanem arra utalt, hogy maga Sátán munkálkodott Péter gondolatában, hogy Isten művét akadályozza.

Ez azért volt, mert Jézusnak viselnie kellett a keresztet az emberek megváltásáért Isten akarata szerint, de Péter testi gondolataival meg akarta akadályozni, hogy Isten akaratát tegye. 2 Kor 10,3-6-ban Pál apostol a következőket írja:

Mert noha testben élünk, de nem test szerint vitézkedünk. Mert a mi vitézkedésünk fegyverei nem testiek, hanem erősek az Istennek, erősségek lerontására; lerontván okoskodásokat és minden magaslatot, a mely Isten ismerete ellen emeltetett, és foglyul ejtvén minden gondolatot, hogy engedelmeskedjen a Krisztusnak; és készen állván megbüntetni minden engedetlenséget, mihelyst teljessé lesz a ti engedelmességtek

Le kell győznünk saját érveinket és okoskodásainkat, melyek gyakorta Isten országa ellen munkálkodnak. Ejtsünk foglyul minden gondolatot, hogy engedelmeskedjen a Krisztusnak, hogy igazságban élhessünk, és akkor a szellem és hit emberei lehetünk.

El kell vetni a gondolatot, hogy kétszer kell visszaütni valakit, nehogy megalázzon, amikor megüt, mert ez a testi gondolat az igazság ellen van.

Ennekokáért el kell vetni minden bűnt, amit gondolatban követünk el. Hogy a bűn problémáját teljesen megoldjuk, elsősorban a testnek cselekedeteit, a szem bujaságát és a büszkeséget kell elvetnünk. Ezek hamis gondolatok, melyekben a

Sátán kedvét leli. A testnek cselekedetei, azaz a Sátán elméjében születő gondolatok Isten akarata ellen való vágyak. Gal 5,19-21 felsorolja az efféle cselekedeteket:

> *A testnek cselekedetei pedig nyilvánvalók, melyek ezek: házasságtörés, paráznaság, tisztátalanság, bujálkodás, bálványimádás, varázslás, ellenségeskedések, versengések, gyűlölködések, harag, patvarkodások, visszavonások, pártütések, irigységek, gyilkosságok, részegségek, dobzódások és ezekhez hasonlók: melyekről előre mondom néktek, a miképen már ezelőtt is mondottam, hogy a kik ilyeneket cselekesznek, Isten országának örökösei nem lesznek.*

Kívánatos azt tenni, amit Isten parancsol azért, hogy a testnek cselekedeteivel felhagyjunk.

A szem bujasága azt jelenti, hogy elménket túlságosan befolyásolják a látottak és hallottak, és enged a vágyaknak, melyeket ezek keltenek elméjében. Ha szeretjük a világot, és a szem bujaságának engedünk, csak ezek a kívánságok tűnnek fontosnak, és soha nem elégülhetünk ki.

Öntömjénező gondolatok akkor támadnak bennünk, amikor birtokába jutunk a világi élvezeteknek bűnös vágyainknak és a szem bujaságának engedve. Ezt nevezzük büszkeségnek.

Hogy az erkölcstelenségtől, törvényszegéstől és gonosztól megszabadítson bennünket, Jézus töviskoronát viselt, és vérét ontotta. Mivel csak Jézus hibátlan, folttalan vére menthet meg bűneinktől, úgy mentett meg gondolatban elkövetett bűneinktől, hogy töviskoronát viselt fején, és vérét ontotta.

Másodsorban Jézus azért viselt töviskoronát, hogy az emberek jobb koronát viselhessenek majd a mennyben.

Jézus másrészt azért viselt töviskoronát, hogy mi jobb koronát viselhessünk. Ahogy megmentett minket a szegénységtől és gazdaggá tett minket azáltal, hogy ő szegénységben élt, ugyanúgy töviskoronát viselt, hogy mi jobb koronát viselhessünk a mennyben. Isten gyermekei számára számtalan korona készül a mennyben. A sportversenyek győzteseinek arany-, ezüst illetve bronzérmet adnak, teljesítményük szerint. A mennyben is többféle korona van.

Ahogy azt 1 Kor 9,25-ből megtudjuk, van egy romolhatatlan korona: *„Mindaz pedig a ki pályafutásban tusakodik, mindenben magatürtető; azok ugyan, hogy romlandó koszorút nyerjenek, mi pedig romolhatatlant."* Romolhatatlan korona készül Isten azon gyermekei számára, akik azon vannak, hogy bűneiket elvessék. A dicsőség koronája készül azoknak, akik elvetik bűneiket, Isten igéje szerint élnek és Őt dicsőítik (1Pt 5,4). Az életnek koronája is készül azoknak, akik nagyon szeretik Istent, hűek Őhozzá mindhalálig, és szentté válnak, mert mindenféle gonosznak hátat fordítanak (Jk 1,12; Jel 2,10)

Az igazság koronáját azoknak adják, akik, mint Pál apostol, szentté válnak, mert minden bűnknek hátat fordítanak, sőt teljesen betöltik küldetésüket Isten akaratának megfelelően (2Tim 4,8).

A Jel 4,4 azt is leírja, hogy *"És a királyiszék körűl huszonnégy királyiszék vala; és a királyiszékekben láttam ülni a huszonnégy Vénet fehér ruhákba öltözve: és a fejökön arany koronák valának."* Arany korona készül azoknak, akik elérik a szintet, amin Vén lehet valaki, és Isten mellett ülhet az Új Jeruzsálemben.

Itt a „Vén" név nem azokra az emberekre értendő, akiket az evilági egyházakban ilyen névvel illetnek, hanem azokra, akiket Isten Vénnek ismer el, mert szentéletűek és hűségesek Isten házához, és rendíthetetlen arany hitük van.

Isten különféle koronákat ad gyermekeinek annak mértékében, hogy mennyire vetkezik le bűneiket és töltik be isteni küldetésük. Isten gyermekei naggyá lesznek a mennyben, és jobb koronákat fognak kapni, ha nem azzal gondolnak, hogy bűnös természetük kívánságait kielégítsék, és Isten igéjének megfelelően viselkednek (Róm 13,13-14), ha lelkük is velük tart, és a Szentlélek szerint élnek (Gal 5,16), és ha hűségesen teljesítik kötelességük és küldetésük!

Hasonlóképpen, Jézus megváltott bennünket minden gondolatban elkövetett bűnünktől azáltal, hogy töviskoronát viselt, és vért ontott. Milyen hálásaknak kellene lennünk, hiszen jobb koronákat készít a mennyben nekünk aszerint, hogy mennyire hiszünk és miként teljesítettük küldetésünket!

Ennekokáért fel kell fogunk, mekkora dicsőség érdemesnek lenni e koronák viselésére. Akkor a mi Urunk szívével kell rendelkeznünk azáltal, hogy minden gonosszal felhagyunk, jól

teljesítjük küldetésünket és hűek vagyunk Isten házában.
Remélem, mindannyian a legjobb koronát kapjátok a mennyben.

Jézus ruhái és köntöse

Jézus, aki töviskoronát viselt, és egész teste vérzett a kegyetlen
korbácsütések nyomán, felment a Golgotára, ahol keresztre
szokták feszíteni az elítélteket. Amikor a római katonák keresztre
feszítették Jézust, elvették ruháit, négyfelé osztották, minden
katonának jutott egy rész. A köntöst nem vágták darabokra,
hanem sorsot vetettek rá.

*A vitézek azért, mikor megfeszítették Jézust, vevék az ő
ruháit, és négy részre oszták, egy részt mindenik
vitéznek, és a köntösét. A köntös pedig varrástalan vala,
felülről mindvégig szövött. Mondának azért egymásnak:
Ezt ne hasogassuk el, hanem vessünk sorsot reá, kié
legyen. Hogy beteljesedjék az írás, amely ezt mondja:
megosztoztak ruháimon, és a köntösömre sorsot vetettek.
(Jn 19,23-24)*

Miért beszél Isten igéje ilyen részletesen Jézus ruháiról és
köntöséről? Kr. u.. 70 óta Izrael története mélyen bele van
ágyazva ennek az esetnek a szellemi eredőibe.

Lemeztelenítették és keresztre feszítették

Mt 27,22-26 szerint a zsidók kérésére, akik nem ismerték el Messiásuknak, Jézust kereszthalálra ítélte Poncius Pilátus, miután különféle módon megalázták és megcsúfolták. Miután töviskoronát viselt, megalázták és megcsúfolták, felvitte a keresztet a Golgotára, és ott keresztre feszítették. Pilátus parancsára a katonák feje fölé felírták az ellene szóló vádakat: EZ JÉZUS, A ZSIDÓK KIRÁLYA (Mt 27,37). Ezt héberül, latinul és görögül is felírták. A héber volt a hagyományos nyelve a zsidóknak, Isten kiválasztott népének. A latin volt a hivatalos nyelve a Római Birodalomnak, a kor leghatalmasabb országának, a görög pedig a világkultúra nyelve volt. Így hát e három nyelven szóló felirat azt jelképezi, hogy az egész világ elismerte, hogy Jézus valóban a zsidók királya, a királyok Királya.

Miután elolvasták a feliratot, Jn 19,21-22 szerint sok zsidó tiltakozott Pilátusnál, hogy ne azt írja: a zsidók királya, hanem azt, hogy ő mondta: A zsidók királya vagyok. De Pilátus így felelt nekik: „Amit megírtam, megírtam", és nem változtatott a feliraton. Ez azt jelenti, hogy még Pilátus is elismerte Jézust a zsidók királyának.

Mivel Pilátus elismerte Jézust a zsidók királyának, valóban Ő Isten egyszülött fia, a királyok Királya, az urak Ura. Ennek ellenére az őt bámuló tömeg előtt Jézusról letépték ruháit és köntösét, és keresztre feszítették. Eképpen borzasztóan megszégyenítették.

Ilyen gonosz világban élünk, és elfelejtjük az ember kötelességét. És hogy mindenféle szégyentől, mocsoktól, gonoszságtól, törvénytelenségtől és erkölcstelenségtől megszabadítson bennünket, Jézus, a királyok Királyáról letépték ruháit és köntösét, és megszégyenítették az Őt bámuló tömeg előtt. Ha megértjük ennek szellemi jelentését, önkéntelenül is hálát érzünk.

Megosztoztak Jézus ruháin

A római katonák lemeztelenítették, és keresztre feszítették Jézust. Elvették ruháit, és négyfelé hasították azokat, a köntösére viszont sorsot vetettek.

A józan ész azt mondja, hogy ruhái nem lehettek szépek vagy értékesek. Akkor miért hasították őket négybe a katonák?

Talán annyira bölcsek és előrelátóak voltak, hogy tudták: Jézust Messiásként fogják tisztelni, és legalább egy ruhadarabot akartak kapni tőle, hogy leszármazottaiknak értékes családi kincsként adják tovább? Nem, nem erről volt szó.

Zsolt 22,18 megjósolja: „*Megosztoznak ruháimon, és köntösömre sorsot vetnek.*" Isten azért engedte, hogy a római katonák elvegyék ruháit, hogy ez az ige beteljesedjék (Jn 19,24).

Milyen szellemi jelentéssel bírnak tehát Jézus ruhái? Miért osztották a katonák négyfelé a ruháit, hogy mindüknek jusson? A köntösén miért nem osztoztak? Miért hagyta Isten, hogy ezt a történetet előre megírják?

Mivel Jézus a zsidók királya, Jézus ruhái Izrael népét, a zsidókat jelképezik. Amikor a római katonák négyfelé osztották a ruhákat, a ruhák alakjukat vesztették. Ez azt jelképezi, hogy Izrael nemzete el fog pusztulni. Arra is utal, hogy a név megmarad ugyanúgy, ahogy a szétosztott ruhák megmaradtak. Végül is a ruháiról írt szavak megjósolták, hogy a zsidó nép minden irányba szétszóratik az ország pusztulása következtében. Izrael története tanúsítja, hogy ez a jóslat valóra vált. 40 évvel Jézus kereszthalála után Titus, egy római hadvezér elpusztította Jeruzsálemet. Isten temploma teljesen elpusztult, kő kövön nem maradt. Mivel Izrael mint ország megszűnt létezni, a zsidók mindenfele szétszóródtak, üldözték, sőt gyilkolták őket. Ez a magyarázata annak, hogy a zsidók a mai napig a földkerekségen szerte élnek.

Mt 27,23 leírja a gyászos jelenetet, amikor Pilátus azt mondja a gonosz tömegnek, hogy Jézus ártatlan, és mossa kezeit mutatván, hogy ő nem bűnös az ártatlan Jézus halálában, mondván: *„Ártatlan vagyok ez igaz embernek vérétől; ti lássátok"* (24. ige). A tömeg pedig így válaszolt: *„Az ő vére mi rajtunk és a mi magzatainkon"* (25. ige).

Fontos elem itt, hogy Izrael történelméből világosan kiderül: sok zsidó és a leszármazottaik is vért ontottak, mintha Poncius Pilátusnak tett követeléseiket teljesítették volna be. Jézus halála után negyven évvel 1,1 millió zsidót mészároltak le. Továbbá a második világháború során a náci Németország körülbelül hatmillió zsidót ölt meg. A Schindler Listája című filmben tragikus jeleneteket láthatunk, melyekben a zsidók, nők és férfiak, öregek és fiatalok meztelenül halnak meg. Még a bűnözőnek is megengedik, hogy tiszta ruhát vegyen, mielőtt kivégzik, de a zsidókról minden ruhát letéptek, amikor legyilkolták őket.

A zsidók nem ismerték el Jézust Messiásuknak, lemeztelenítették és keresztre feszítették Őt. Mivel ezt kiabálták: „az Ő vére mi rajtunk és a mi magzatainkon", borzalmas szenvedések következtek el Izrael népére sok időn át.

Jézus varrástalan köntösét egy darabban szőtték

Jn 19,23 leírja Jézus köntösét: *„A köntös pedig varrástalan vala, felülről mindvégig szövött."* A varrástalan itt azt jelenti, hogy a köntöst nem több darabból varrták össze. A legtöbb embert nem érdekli, hogyan készült a ruhája, hogy felülről lefele avagy alulról felfele szőtték-e. Hát akkor miért írja le a Biblia ilyen részletesen Jézus tunikáját?

A Biblia szerint minden ember ősapja Ádám, a hit ősapja Ábrahám, Izrael ősapja pedig Jákob. Isten arra tanít, hogy Izrael ősapja nem Ábrahám, hanem Jákob, mert Izrael tizenkét törzse Jákob tizenkét fiától származik. Izrael népének megalapítója Jákob, bár a hit ősapja Ábrahám.

Isten eképpen áldotta meg Jákobot 1 Móz 35,10-11-ben:

A te neved Jákób; de ne neveztessék többé a te neved Jákóbnak, hanem Izráel légyen neved. És nevezé nevét Izráelnek. És monda néki az Isten: Én vagyok a mindenható Isten, nevekedjél és sokasodjál, nép és népek sokasága légyen te tőled; és királyok származzanak a te ágyékodból.

Ezekben az igékben Isten szavai szerint Jákob tizenkét fia alkotta Izrael gerincét, és Izrael egységes ország volt, amíg Rehoboám király uralkodása alatt fel nem osztották Izraelre északon és Júdeára délen. Később az északi Izrael keveredett a pogányokkal, de Júdea egységes maradt. Ma Júdea népét nevezik zsidóknak. Az, hogy Jézus köntöse varrástalan volt, felülről lefele egy darabban szőtt, azt jelenti, hogy Izrael népe a mai napig megtartotta egységét és identitását mint Jákób leszármazottai.

Jézus köntösét nem hasogatták szét, hanem sorsot vetettek reá

Itt a köntös az emberek szívét jelképezi. Mivel Jézus Izrael királya, köntöse a zsidó nép szívét jelképezi.

A zsidók, mint Istennek Ábrahám hitatya révén kiválasztott népe, az igaz Istent imádták mindenek felett. Az, hogy nem hasították szét a köntöst, arra utal, hogy Izrael zsidó népének szelleme, akik Istent imádják, épségben megőrződött, nem hasogatták darabokra, hiába semmisítették meg időnként Izrael nemzetét vagy kormányát.

Sőt, a Biblia megjósolta, hogy a pogányok nem pusztíthatják el a zsidók szellemét, mely mélyen él szívükben. Más szóval Isten iránti szeretetük szilárdan megőrződött, még ha Izrael nemzetét a pogányok elpusztították is. Szilárd szeretetük miatt Isten választott népének tette meg a zsidókat, és őket használta fel királysága és törvényei megalapozására. A zsidók ma is szilárd akarattal igyekeznek betartani Isten törvényeit. Ez azért van, mert Jákob leszármazottai, akinek szintén szilárd akarata volt. A zsidók az egész világ meglepetésére 1948. május 14.-én kivívták függetlenségüket. Azután gyorsan fejlődtek, mint a befolyásos, fejlett országok egyike, és újra bebizonyították nemzeti szellemüket és kiválóságukat.

Ugyanúgy, ahogy a római katonák nem tudták felosztani Jézus köntösét, mely varrás nélküli volt, egy darabból szőtt felülről elfelé, a pogányok nem tudják elpusztítani az istenfélő zsidó szellemét. Végül a zsidók mint Jákob leszármazottai független országot alapítottak maguknak, és kivitelezték Isten akaratát kiválasztott népére vonatkozóan.

Izrael az idők végezetén a Biblia jóslatai szerint

Ugyanúgy, ahogy Isten megjósolta Izrael történelmét Jézus ruhái és köntöse által, a világ végére is utalt. Ez 38,8-9-ben olvashatjuk:

Sok idő múlva kirendeltetel: esztendők végével bejösz a földre, mely a fegyvertől már megnyugodott, melynek lakói sok nép közül gyűjtettek egybe Izráel hegyeire, melyek szüntelen való pusztulásban voltak; és e nemzetség a népek közül hozatott ki, s aztán lakozék bátorságosan mindnyája; és feljösz, bemégy mint a szélvész, és leszel mint a felleg, hogy beborítsd a földet, te és minden sereged s a sok nép veled.

„Sok idő múlva" ezekben az igékben a Jézus születésétől a második eljöveteléig eltelt idő, „esztendők végével" meg a Jézus második eljövetele előtti utolsó évekre vonatkozik. „Izrael hegyei" Jeruzsálemet jelentik, mely 760 m-el tengerszint fölött van. Ezért az az ige, hogy az eljövendő években sok ember gyűjtetik össze sok országból azt jósolja meg, hogy a zsidók visszatérnek földjükre az egész világról, amikor Jézus második eljövetele közeledik. Ez a jóslat beteljesedett, amikor Izraelt Kr. u. 70-ben elpusztította a Római Birodalom, és amikor 1948-ban elnyerte függetlenségét. Izrael pusztaság volt, amíg függetlenné nem vált, de a világ egyik legfejlettebb országává vált.

Az Újszövetség Izrael függetlenségét is megjósolja. Jézus a következőket mondja Mt 24,32-34-ben:

A fügefáról vegyétek pedig a példát: mikor az ága már zsendül, és levelet hajt, tudjátok, hogy közel van a nyár. Azonképpen ti is, mikor mindezeket látjátok, tudjátok meg, hogy közel van, az ajtó előtt. Bizony mondom néktek, el nem múlik ez a nemzetség, mígnem mindezek meglesznek.

Ezt válaszolta Jézus tanítványainak, akik azt kérdezték, miről ismerik meg a második eljövetelét és az idők végét.

A fügefa Izraelt jelenti. Amikor a falevelek lehullanak, és hideg szél fúj, tudjuk, hogy közeleg a tél. Hasonlóképpen,

amikor a fügefa gallyai zsendülnek, és levelei kibomlanak,
tudjuk, hogy közel a nyár. Ezzel a példázattal Jézus azt
magyarázza, hogy amikor Izrael hosszú tetszhalál után helyreáll,
amikor Izrael népe függetlenné válik, Jézus második eljövetel
már nagyon közel van.

Nem tudjuk, mennyi időt tesz ki „ez a nemzedék", amiről
Jézus ebben az igében beszél, de azt tudjuk, ahogy amit mond, az
bizonyosan beteljesedik. Már tanúi voltunk Izrael függetlenné
válásának, úgyhogy könnyű kitalálni, hogy Jézus második
eljövetele nagyon közel van.

Az idők végének jelei

Máté Evangéliumának 24. részében, amikor Jézus tanítványai
az idők végének jelei felől kérdezték Őt, részletesen
megmagyarázta. De nem mondta meg a pontos órát és napot:
*„Arról a napról és óráról pedig senki sem tud, az ég angyalai
sem, hanem csak az én Atyám egyedül."* (Mt 24,36).

Ez csak azt jelenti, hogy Ő, mint az Ember Fia, aki testté válva
jött a világra, nem tudta a pontos órát meg napot. Ez nem jelenti,
hogy Jézus mint a Szentháromság része nem tudta keresztre
feszítése, feltámadása és mennybemenetele után.

Jézus sok mindent elmond az idők végének jeleiről, és
figyelmeztet: *„És mivelhogy a gonoszság megsokasodik, a
szeretet sokakban meghidegül. de a ki mindvégig állhatatos
marad, az idvezül."* (Mt 24,12-13)

Ma erősen érezni, hogy a gonoszság megsokasodik, és a
szeretet meghidegül. Szívességnek alig találni nyomát. Jézus így

szól Mt 24,14-ben: *"És az Isten országának ez az evangyélioma hirdettetik majd az egész világon, bizonyságul minden népnek; és akkor jő el a vég."* Az evangéliumot már kihirdették az egész világon.

Amellett globális faluban élünk, melyben a világ minden sarka könnyen elérhető a közlekedési vagy kommunikációs eszközök segítségével. Ezt a jelenséget is megjósolta a Dán 12,4: *"Te pedig, Dániel, zárd be e beszédeket, és pecsételd be e könyvet a végső időkig: tudakozzák majd sokan, és nagyobbá lesz a tudás."* Ebben a környezetben az evangélium gyorsan elterjedt az egész világon.

Igaz, hogy bár az evangéliumot az egész világon hirdetik, sokan nem fogadják el Jézust, mert nem nyitják ki szívüket. Vagy vannak eldugott helyek, ahol még nem vetették el az evangélium magvát.

Az Ószövetség jóslatai mind beteljesedtek, és az Újszövetség jóslatainak nagy többsége is. Az egész Szentírást a Szentlélek ihlette. Ezért Isten igéje helyes, és nincs benne hiba. Az Igében a legkisebb betűt, sőt a legkisebb tollvonást sem kell megváltoztatni. Isten beteljesítette igéjét és ígéreteit, és már csak egy pár maradt beteljesítetlen, többek között a mi Urunk Jézus Krisztus második eljövetele, a Hétéves Dicsőséges Kormányzás, az Új Millennium és a Nagy Fehér Trónus Nagy Ítélete.

Szegekkel döfték át kezét-lábát

A keresztrefeszítés egyik legkegyetlenebb kivégzési mód volt a gyilkosok és árulók számára. Az ember karjait szétfeszítették egy fakeresztre. Mindkét kéz- és lábfejébe szeget vertek. Sokáig függött a felállított kereszten, amíg meg nem halt. Így az utolsó lélegzetig szörnyű kínokat állt ki. Jézus, Isten Fia nem tett egyebet, csak jót, nem volt semmi hiba benne az égvilágon. Akkor hát miért vertek szeget mindkét kéz-és lábfejébe, miért ontotta vérét a kereszten?

A fájdalom, amikor valakinek szeget vernek a kéz-és lábfejébe

Jézust kereszthalálra ítélték, és felvezették a kivégzőhelyre, a Golgotára. Egy római katona fogott egy nagy fémszeget, egy másik meg kalapáccsal beverte a szeget kezébe-lábába a centurió parancsára. Aztán felállították a keresztet. Elképzelhetjük, mennyire fájhatott mindez.

Az ártatlan Jézusnak el kellett szenvednie azt, hogy nagy szegeket vernek a testébe, s azt, hogy amikor súlya lehúzta testét, a szeggel átvert testrészek felhasadnak.

Ha valakit lefejeztek, a fájdalomnak azonnal vége volt. De a kereszthalál sokkal fájdalmasabb volt, mert az áldozat halála pillanatáig vérzett és szenvedett a kiszáradástól és kimerültségtől.

Emellett egy forró napon a sivatagban mindenféle vérszopó és rovar lepte el felsebzett testét, hogy szegekkel átdöfött kezéből-lábából folyó vérét szívja. Mindennek tetejében gonosz emberek ujjal mutogattak rá, megköpdösték, megátkozták és sértésekkel halmozták el. Egyesek még ócsárolták is, mondván: *„Te, ki lerontod a templomot és harmadnapra felépíted,* *szabadítsd meg magadat; ha Isten fia vagy, szállj le a keresztről!"* (Mt 27,40)

Jézus elviselhetetlen fájdalmat érzett keresztre feszítése során. De nagyon jól tudta, hogy amikor kereszthalála révén elviseli a gonosztetteket, az átkokat, utat nyit az emberiség bűnbocsánata felé meg arra, és hogy Isten gyermekeivé válhassanak. Igazi fájdalmának egyéb forrása volt. Még mindig voltak, akik nem látták meg Isten akaratát mindebben, és nem váltattak meg gonoszságukból. Ez nagyobb fájdalmat okozott neki.

Kézzel és lábbal elkövetett bűnök

Ha a szívben megszületik egy bűnös gondolat, a szív a kezeket és lábakat bűn elkövetésére ösztönzi. Mivel van egy szellemi törvény, hogy a bűn zsoldja a halál, amikor vétkezünk, a pokolra kell jutnunk és örökké szenvednünk.

Ezért mondja Jézus: *„És ha a te lábad botránkoztat meg téged, vágd le azt: jobb néked sántán bemenned az életre, mint két lábbal vettetned a gyehennára, a megolthatatlan tűzre. A hol az ő férgök meg nem hal, és az ő tüzök el nem aluszik. És ha a te szemed botránkoztat meg téged, vájd ki azt: jobb néked félszemmel bemenned az Isten országába, mint két szemmel vettetned a tüzes gyehennára."* (Mk 9,45-47)

Hányszor követtünk el bűnt kezünkkel és lábunkkal születésünk óta? Egyesek haragjukban megütnek másokat. Egyesek lopnak, mások meg szerencsejátékokban elveszítik vagyonukat. Az emberek rúgnak a lábukkal, és oda mennek, ahova nem kellene. Ennekokáért, ha lábaink révén bűnözünk, jobb nekünk levágni azt és bemenni a mennyországba, mint két lábbal vettetni a tüzes gyehennára. És hány bűnt követünk el szemünkkel? Mohóság és házasságtörő gondolatok emésztenek, ha olyat látunk, amit nem kellene látnunk szemünkkel. Ezért mondta Jézus, hogy ha szemed botránkoztat meg téged, jobb neked kivájni azt és úgy bemenned a mennybe, mint a tüzes gyehennára vettetned, miután bűnt követtél el velük.

Az ószövetségi időkben, ha valaki bűnt követett el szemével, kitépték; ha valaki kezével vagy lábával követett el bűnt, levágták azt; ha gyilkosságot vagy házasságtörést követett el, halálra kövezték (5 Móz 19,19-21).

Jézus Krisztus szenvedései nélkül a kereszten Isten gyermekeinek még mindig levágnák kezüket-lábukat, ha bűnt követnek el kezükkel vagy lábukkal. De Jézus vállalta a keresztet, szegekkel átdöfték kezét-lábát, és vérét ontotta. Ezáltal lemosta a bűnöket, melyeket mi kezünkkel és lábunkkal követünk el, és nem kell többet fizetnünk saját bűneinkért. Milyen nagy is az Ő szeretete!

Nem szabad elfelednünk, hogy minden bűntől megtisztít, ha a világosságban járunk, aminthogy Ő maga is a világosságban van, és az, ha megvalljuk bűneinket és hozzá fordulunk (1 Jn 1,7).

Ezért nagyon fontos megtölteni szívünket az igazsággal, hogy győzedelmes életet élhessünk, hálás és kegyes szívvel, ami mindig Istenre összpontosít.

Jézus lábszárát nem törték el, de oldalát átdöfték

Jézus pénteken, a szombatnap előtti napon halt meg. Akkoriban szombaton ülték a Sabbathot, és a zsidók nem akarták, hogy a holttesteket Sabbathra is a kereszten hagyják. Ezért, mint Jn 19,31-ben olvashatjuk, a zsidók megkérték Poncius Pilátust, hogy törhessék el a kivégzettek lábszárát, és vehessék le a testeket.

Poncius Pilátus engedélyével a katonák eltörték a Jézus két oldalán keresztre feszített rablók lábszárát, de a Jézusét nem, mert Ő már halott volt. Akkoriban a keresztre feszítetteket átkozottnak tartották, ezért törék el lábszáraikat a katonák. Vagyis isteni gondviselés folytán történhetett csak, hogy nem törék el Jézus lábát.

Miért nem törék el Jézus lábát?

Jézust, aki bűntelen volt, átkozták és keresztre feszítették, hogy az embereket megmentse a törvény átkától. A Sátán nem törhette el a lábszárát, mert Jézus nem bűnei miatt, hanem Isten akaratából halt meg.

Emellett Isten azért védte meg Jézust attól, hogy eltörjék csontjait, hogy a Zsolt 34,21 szavai beteljesedjenek: *„Megőrzi minden csontját, egy sem töretik meg azokból."*

4 Móz 9,12-ben Isten megtiltja a zsidóknak, hogy csontját törjék a báránynak, amikor megeszik. Azt is mondja 2 Móz 12,46-ban, hogy a zsidók megehetik a bárány húsát, de nem

szabad eltörniük a csontját.

A bárány itt Jézust jelenti, aki folttalan és hibátlan volt, és mégis feláldozta magát engesztelésül az emberekért és bűneikért az értünk érzett szeretetétől indíttatva. 2Móz 12,46 szerint: „Egy házban egyék meg; a házból ki ne vigy a húsból, és csontot se törjetek össze abban" – Jézusnak egyetlen csontját sem törték el.

Oldalát dárdával döfték át

Jn 19,32-34 egy másik borzalmas jelenetet ír le:

Eljövének azért a vitézek, és megtörék az elsőnek lábszárit és a másikét is, a ki ő vele együtt feszíttetett meg, mikor pedig Jézushoz érének és látják vala, hogy ő már halott, nem törék meg az ő lábszárait; hanem egy a vitézek közül dárdával döfé meg az ő oldalát, és azonnal vér és víz jöve ki abból.

A katona tudta, hogy Jézus már halott; miért döfte át mégis Jézus oldalát dárdával, amire vér és víz ömlött belőle? Ez az emberi gonoszságot jellemzi.

Bár Isten volt, Jézus nem tekintette zsákmánynak azt, hogy ő Istennel egyenlő. Ehelyett önmagát megüresíté, szolgai formát vett föl, emberekhez hasonlóvá lévén. Engedelmesen még tovább alázta magát, amikor kereszthalált halt, mint egy gonosztevő. Ezáltal Jézus megnyitotta számunkra a megváltás kapuját (Fil 2:6-8).

Evilági élete során Jézus szabaddá tette a foglyokat, gazdaggá a szegényeket, meggyógyította a betegeket és gyengélkedőket. Nem volt ideje enni és aludni, mert minden igyekezetéből hirdette Isten igéjét, hogy minél több lelket megmenthessen. Még amikor a tanítványai pihentek is, Ő felment egy hegyre imádkozni. Sok zsidó becsmérelte őt, bár csak jót tett. Végül keresztre feszítették gonoszságukban. Sőt, bár tudta, hogy halott, egy római katona lándzsával átdöfte oldalát. Ebből megtudhatjuk, hogy az emberek gonoszságot gonoszságra halmoztak.

Isten megmutatta nekünk hatalmas szeretetét, amikor elküldte egyszülött Fiát, Jézus Krisztust, és keresztre feszítette Őt, hogy megváltson bennünket bűneinktől, bármilyen gonoszok is az emberek.

Vért és vizet ontott oldalából

Már szó volt róla, hogy egy római katona lándzsával átdöfte Jézus oldalát gonoszságában, bár tudta, hogy Jézus halott. Amikor a katona átdöfte oldalát, vér és víz folyt Jézus testéből. Ennek három jelentése van.

Elsősorban azt bizonyítja, hogy Jézus testté válva jött el, mint az Ember Fia. J 1, 14 így szól: „*És az Ige testté lett és lakozzék mi közöttünk (és láttuk az ő dicsőségét, mint az Atya egyszülöttjének dicsőségét), a ki teljes fala kegyelemmel és igazsággal.*" Isten testté válva jött el erre a világra, és Jézus volt Ő.

A bűnösök nem láthatják Istent, mert elvesznek a látására.

Ezért Isten nem jelenhet meg közvetlenül előttük, és ezért jött el Jézus testté válva a világra, és sok bizonyítékot mutatott, melyek hatására hinni kezdünk Istenben. A Biblia elmondja, hogy Jézus ember volt, mint mi. Mg 3,20-ban olvashatjuk: *"Azután haza térének. És ismét egybegyűle a sokaság, annyira, hogy még nem is ehetének."* Mt 8,24 így szól: *"És ímé nagy háborgás lőn a tengeren, annyira, hogy a hajót elborítják vala a hullámok; ő pedig aluszik vala."* Egyesek csodálkoznak: hogyan lehet éhes, hogyan érezhet fájdalmat Jézus, Isten Fia? De mivel Jézus csontból-izmokból álló testté vált, ennie és aludnia kellett. Ugyanúgy érezte a fájdalmat is, mint mi.

Az, hogy víz és vér folyt a testéből, amikor lándzsával döfték át, meggyőző bizonyítéka annak, hogy Jézus testté válva jött el erre a világra, bár Isten Fia.

Másodsorban annak is bizonyítéka, hogy része lehetünk az isteni természetnek akkor is, ha testi formában élünk. Isten azt akarja, hogy gyermekei szentek és tökéletesek legyenek, mint Ő. Ezért azt mondja: *"Szentek legyetek, mert én szent vagyok"* (1 Pt 1,16) és: *"Legyetek azért tökéletesek, miként a ti mennyei Atyátok tökéletes."* (Mt 5,48) Emellett bátorít is, mondván: *"A melyek által igen nagy és becses ígéretekkel ajándékozott meg bennünket; hogy azok által isteni természet részeseivé legyetek, kikerülvén a romlottságot, a mely a kívánságban van e világon."* (2 Pt 1,4), és. *"Annakokáért az az indúlat legyen meg bennetek, mely volt a Jézus Krisztusban is"* (Fil 2,5).

Jézus testté válva eljött erre a világra, és szolgává lett Isten akarata szerint, és teljesítette teljes küldetését. A törvényt is szeretettel beteljesítette, amikor legyőzött minden megpróbáltatást és gondot, és Isten igéje szerint élt.

Bár ember volt, mint mi, készségesen elviselte a fájdalmat, kitartással és fegyelmezetten követte Isten akaratát, és feláldozta magát szeretettel a kereszten anélkül, hogy ellenállt vagy egy zokszót hallatott volna. Hogyan lehetünk részesei az isteni természetnek Jézus Krisztus szívével?

Keresztre kell feszítenünk bűnös természetünket, mely szenvedélyekből és vágyakból áll, szellemi szeretetet kelél éreznünk, és odaadóan kell imádkoznunk, hogy részesei lehessünk az isteni természetnek azáltal, hogy ugyanaz az indulat van bennünk, mint Jézusban.

A testi szeretet önző, és ahogy az idő telik, ki is hűl. Az ilyen szeretetet érző emberek elárulják egymást, és szenvednek, ha nincs köztük összhang.

Isten viszont azt akarja, hogy hosszútűrő, kegyes szeretetet érezzünk, nem önöset. Az átszellemült szeretet soha nem változik, és napról napra nő. Jézus indulatát akkor sajátíthatjuk el, ha átszellemült szeretetet érzünk, és mindenféle gonoszt elvetünk buzgó imádsággal.

Hasonlóképpen mindenki részesülhet Isten kegyelméből és erejéből, ha segítséget kér tőle böjtöléssel és buzgó imádkozással. Isten abban is segít az illetőnek, hogy mindenféle gonosztól megszabaduljon. Ragyogni fogtok, mint a nap a mennyei királyságban, ha megvan bennetek az átszellemült szeretet, megszületik bennetek a Szentlélek kilenc gyümölcse (Gal 9), és elnyeritek a boldogság formáit (Mt 5).

Harmadrészt a Jézusból kiömlő vér és víz elég erős, hogy elvezessen minket az igaz és örök életre.

Jézus vére és vize folttalan és hibátlan, mert nem volt eredendő bűne, és nem vétkezett. Szellemi értelemben ezt a vért és vizet lehetett feltámasztani. Mivel szent vérét ontotta, bűneink megtisztulnak, és igaz életet birtokolhatunk, ami megváltáshoz, feltámadáshoz és örökélethez vezet. A víz, ami Jézus testéből ömlött, az örök vizet jelképezi, Isten igéjét. Annyira telhetünk el igazsággal és lehetünk Isten igaz gyermekei, amennyire megértjük Igéjét és elvetjük bűneinket azáltal, hogy betartjuk tanításait.

Jézus, aki folttalan és kristálytiszta volt, mindent feladott, hogy igazi életre vigyen bennünket, annyira, hogy vért és vizet ontott magából, bár nem vagyunk jobbak az állatnál.

Remélem, megértettétek, hogy úgy váltattatok meg, hogy nem fizettetek érte semmit, és elvetitek a bűneiteket azáltal, hogy hittel, buzgón imádkoztok, hogy gyümölcsöző életet élhessetek Jézus Krisztusban.

7. fejezet

JÉZUS UTOLSÓ HÉT SZAVA A KERESZTFÁN

- Atyám, bocsáss meg nékik
- Ma vélem leszel a Paradicsomban
- Asszony, ímhol a te fiad! Ímhol
  a te anyád!
- *Elói! Elói! Lamma Sabaktáni?*
- Szomjúhozom
- Elvégeztetett
- Atyám, a te kezeidbe teszem le az
  én lelkemet

Jézus pedig monda: Atyám! bocsásd meg nékik; mert nem tudják mit cselekszenek. (34. ige)

...Felelvén pedig a másik, megdorgálá őt, mondván: Az Istent sem féled-é te? hiszen te ugyanazon ítélet alatt vagy! És mi ugyan méltán: mert a mi cselekedetünknek méltó büntetését vesszük; ez pedig semmi méltatlan dolgot nem cselekedett. És monda Jézusnak: Uram, emlékezzél meg én rólam, mikor eljősz a te országodban! És monda néki Jézus: Bizony mondom néked: Ma velem leszel a paradicsomban. Vala pedig mintegy hat óra, és sötétség lőn az egész tartományban mind kilenc órakorig. És meghomályosodék a nap, és a templom kárpitja középen ketté hasada. És kiáltván Jézus nagy szóval, monda: Atyám, a te kezeidbe teszem le az én lelkemet. És ezeket mondván, meghala. (40-46. ige)

Lk 23,34; 40-46

A legtöbb ember felidézi életét, amikor közeleg a halál. Utolsó szavaikat hagyják rokonaikra és barátaiknak.

Hasonlóképpen, Jézus testté vált, eljött erre a világra Isten akarata szerint, és kiejtette utolsó hét szavát a kereszten, amikor kilehellte lelkét. Ezeket nevezzük úgy, hogy Jézus utolsó hét szava a keresztfán.

Hadd vizsgáljuk meg a szellemi jelentését Jézusnak a kereszten kiejtett utolsó hét szavának.

Atyám, bocsáss meg nékik

A Filippiekhez szóló levél írója a következőképpen jellemzi Jézust:

Annakokáért az indúlat legyen meg bennetek, mely volt a Jézus Krisztusban is, a ki, mikor Istennek formájában vala, nem tekintette zsákmánynak azt, hogy ő az Istennel egyenlő, hanem önmagát megüresíté, szolgai formát vévén föl, emberekhez hasonlóvá lévén; és mikor olyan állapotban találtatott mint ember, megalázta magát, engedelmes lévén halálig, még pedig a keresztfának haláláig. (Fil 2,5-8)

Jézus kereszthalált halt, hogy bizonyságot tegyen Isten iránti szeretetéről és engedelmességéről, s ezáltal utat nyithasson a bűnösök megváltására. A kereszt körül állók gúnyolták Jézust: *„Egyebeket megtartott, tartsa meg magát, ha ő a Krisztus, az Istennek ama választotta."* (Lk 23,35) A katonák is gúnyolták: ecetet kínáltak neki, és azt mondták: *„Ha te vagy a zsidóknak ama királya, szabadítsd meg magadat!"* (37. ige) Az egyik lator, aki mellette lógott, szintén átkokat szórt rá: *„Ha te vagy a Krisztus, szabadítsd meg magadat, minket is!"* (39. ige)

Mikor pedig elmenének a helyre, mely Koponya helyének mondatik, ott megfeszíték őt és a gonosztevőket, egyiket jobbkéz felől, a másikat balkéz felől. Jézus pedig monda: Atyám! bocsásd meg nékik, mert nem tudják, mit cselekesznek. Elosztván pedig az ő ruháit, vetének reájok sorsot. (Lk 23,33-34).

Jézus imádkozott Istenhez, és kérte, hogy bocsásson meg nekik: *„Atyám! bocsásd meg nékik, mert nem tudják mit cselekesznek",* miközben elszállt belőle a lélek. Jézus azt kérte az Atyától, hogy könyörüljön azokon, akik nem tudták, hogy Jézus, Isten Fia azért szenved a kereszten, hogy az ő bűneik bocsánatot nyerjenek. Talán nem is tudták, hogy bűn az, amit tesznek. Ez Jézus első szava a kereszten.

Jézus szeretettel imádkozik az őt keresztre feszítő emberekért

Jézus, Isten Fia imádkozott azokért, akik keresztre feszítették Őt, pedig hibátlan, bűntelen volt. Milyen mélységes és nagy is az Ő szeretete! Jézus könnyűszerrel lejöhetett volna a keresztről, hogy keresztre feszítését elkerülje, mivel egy a Mindenhatóval, és az Atya hatalmát hordozza. De azért feszítették meg, hogy a megváltás tervét véghezvigye Isten akarata szerint. Ezért tudta elviselni az összes szenvedést és szégyent, imádkozott kétségbeesett szeretettel értük és könyörgött bocsánatért számukra.

Jézus buzgón imádkozott: „Atyám, bocsáss meg nekik, mert nem tudják, mit cselekszenek." Az "ők" itt nemcsak azokra vonatkozik, akik keresztre feszítették és megalázták Őt, hanem minden emberi lényre, aki nem fogadja be Jézus Krisztust, és továbbra is sötétségben él. Csakúgy, mint azok, akik keresztre feszítették Jézust, az Isten fiát, sok ember vétkezik, mert nem ismerik Jézus Krisztust meg az igazságot.

Ellenségünk, az ördög a sötétséghez tartozik, és gyűlöli a fényt, ezért keresztre feszítette Jézust, az igazi fényt. Ma az ördög irányítja azokat, akik a sötétséghez tartoznak, és üldözteti velük a világosságban járókat.

Hogyan viselkedjünk kínzóinkkal, akik nem ismerik az igazságot?

Jézus keresztről mondott első szavával megtanít bennünket arra, hogy mi Isten akarata, és hogyan viselkedik egy keresztény. Mt 5,44-ben így szól: *„Én pedig azt mondom nektek:*

Szeressétek ellenségeiteket, áldjátok azokat, a kik titeket átkoznak, jót tegyetek azokkal, a kik titeket gyűlölnek, és imádkozzatok azokért, a kik háborgatnak és kergetnek titeket." Tehát képesnek kell lennünk imádkozni azokért, akik üldöznek bennünket, mondván: „Atyám, bocsáss meg nékik. Nem tudják, mit cselekszenek. Áldd meg őket, hogy ők is befogadhassák az Urat, és viszontláthassuk egymást a mennyben."

Ma vélem leszel a Paradicsomban

Két gonosztevőt is keresztre feszítettek, amikor Jézust felfüggesztették a keresztre, ami a Golgota hegyén, a „Koponyák helyén" állt (Lk 23,33).

Egyik gonosztevő szidalmazta Őt, a másik viszont megdorgálta az elsőt, megbánta bűneit és elfogadta Jézust személyes Megváltójának. Akkor Jézus megígérte neki, hogy vele lesz a Paradicsomban. Ez Jézus második szava a kereszten.

A felfüggesztett gonosztevők közűl pedig az egyik szidalmazá őt, mondván: Ha te vagy a Krisztus, szabadítsd meg magadat, minket is! Felelvén pedig a másik, megdorgálá őt, mondván: Az Istent sem féled-é te? hiszen te ugyanazon ítélet alatt vagy! És mi ugyan méltán: mert a mi cselekedetünknek méltó büntetését vesszük; ez pedig semmi méltatlan dolgot nem cselekedett. És monda Jézusnak: Uram, emlékezzél meg én rólam, mikor eljősz a te országodban! És monda néki

Jézus: Bizony mondom néked: Ma velem leszel a paradicsomban. (Lk 23,39-43).

A keresztről mondott második szavával Jézus kijelentette, hogy Ő a Messiás, aki megbocsáthat a bűnösöknek, ha azok megbánják bűneiket, és megmentheti őket.

Amikor az evangéliumokat olvassuk, a két gonosztevő válaszát sokféleképpen idézik. Mt 27,44-ben ezt írja: *„A kiket vele együtt feszítének meg, a latrok is ugyanazt hányják vala szemére."* Mk 15,32-ben ezt olvashatjuk: *„A Krisztus, az Izráel királya, szálljon le most a keresztről, hogy lássuk és higyjünk. A kiket vele feszítettek meg, azok is szidalmazzák vala őt."* Ebben a két evangéliumban azt olvashatjuk, hogy mindkét gonosztevő szidalmazta.

Lukács Evangéliumának 23. részében viszont azt olvashatjuk, hogy az egyik gonosztevő megdorgálta a másikat és megbánta bűneit, elfogadta Jézus Krisztust és üdvözült. Ez nem azért van, mert az evangéliumok cáfolják egymást. De Isten gondviselő akarata megengedte a szerzőknek, hogy különbözőképpen írjanak. A Biblia Isten gondviselő szándékát sűríti történelmi elemekkel együtt. Ha mindent részletesen leírtak volna, ezernyi Biblia sem lenne elég.

Ma, ha valamit videokamerával rögzítünk, később megnézhetjük, de Jézus korában nem volt ilyen felszerelés, úgyhogy még egy fényképet sem készíthettek, pedig ezek nagyon fontos események voltak. Annyit tehettek, hogy lejegyezték a történeteket. Az apró különbségek lévén valószerűbben tudjuk újjáélni a szóban forgó helyzetet.

Jézus keresztre feszítésének részletesebb magyarázata

Amikor Jézus az evangéliumot hirdette, nagy tömegek követték. Volt, aki hallgatni akarta a mondanivalóját, volt, aki csodákat és jeleket akart látni, mások az élelemért követték, megint mások pedig eladták ingatlanaikat, hogy Jézust kövessék és szolgálják. Lukács Evangéliumának 9. részében Jézus hálát adott öt kenyérért és két halért. A jóllakottak száma ötezer körül volt (Lk 9,12-17). Képzelhetjük, mennyivel több ember volt a tömegben – köztük Jézus hívei és ellenségei is -, amikor keresztre feszítették. A tömeg körülvette a kersztet, ezért a katonák pajzsokkal és lándzsákkal szorították hátra őket. Képzeljük el az embereket, ahogy körben állva üvöltöztek Jézusra. A tömeg gyalázta Jézust. Még a kétoldalt lógó gonosztevők egyike is gyalázta.

Ki hallhatta volna, amit az első gonosztevő mondott? Valószínűleg nagy volt a lárma, ezért csak a Jézus közelében álló emberek hallhatták szavait. A másik gonosztevő mondott valamit Jézusnak, és arckifejezése ellenséges volt. Ez a gonosztevő valójában dorgálta az előzőt, amiért Jézust gyalázta. De akik a másik oldalon álltak, könnyen azt hihették, hogy a megtért gonosztevő a középen levő Jézust szidja.

A nagy zajban Máté és Márk evangéliumának szerzői, akik nem hallották tisztán a megtért gonosztevő szavait, azt hitték, hogy ő is szidja Jézust. Így hát azt írták, hogy mindkét gonosztevő gyalázta Jézust.

Lukács evangéliumának írója viszont tisztán hallotta, ezért tudta, hogy egyik gonosztevő nem gyalázta Jézust, hanem megbánta bűneit. Az egyes írók más és más helyen álltak, és másként írták le a jelenetet.

Isten, aki mindent tud, azért engedte, hogy különbözőképpen írják le, hogy a későbbi nemzedékek jobban megérthessék az adott helyzetet.

Mennyei hely a megtért gonosztevőnek

Jézus azt ígérte a gonosztevőnek, aki halála előtt megbánta bűneit a kereszten: „Ma velem leszel a Paradicsomban." Ennek szellemi jelentése van.

A mennyország, Isten birodalma, olyan hatalmas, hogy azt mi nem bírjuk elképzelni. Még Jézus is megmondta Jn 14,2-ben: *„Az én Atyámnak házában sok lakóhely van; ha pedig nem volna, megmondtam volna néktek. Elmegyek, hogy helyet készítsek nektek."* A zsoltáríró erre buzdít: *„Dícsérjétek őt egeknek egei, és ti vizek, a melyek ég felett vagytok!"* (Zsolt 148,4) Nehem 9,6 dicsőíti Istent, aki az eget, még az egeknek egeit is teremtette. 2 Kor 12,2 így szól: *„Ismerek egy embert a Krisztusban, a ki tizennégy évvel ezelőtt (ha testben-é, nem tudom; ha testen kívül-é, nem tudom; az Isten tudja) elragadtatott a paradicsomba, és hallott kimondhatatlan beszédeket, a melyeket nem szabad embernek kibeszélnie."* Jel 21,2 szerint az Új Jeruzsálemben van Isten trónja.

Hasonlóképpen a mennyben is sok lakóhely van. De nem lakhatunk ott, ahol kedvünk tartja. Az igazság Istene mindenkit aszerint jutalmaz, amit ezen a világon tett: mennyire utánozta Urát és dolgozott Isten országáért, mennyi kincset gyűjtött a mennyországban stb. (Mt 11,12; Jel 22,12).

Jn 3,6 szerint: „*A mi testből született, test az; és a mi Lélekből született, lélek az.*" Annak mértékében, hogy mennyire tudott az illető megszabadulni testi kötöttségeitől és vált szellemi lénnyé, a mennyei lakóhelyek szellemi szint szerint csoportosíttatnak.

Természetesen a mennyben minden hely szép, mert Isten uralkodik benne. De még a mennyben is vannak különbségek. Például a nagyvárosiak életmódja, kedvtelései, életszínvonala stb. nagyban különbözik a vidékiekétől. Hasonlóképen a szent város, Új Jeruzsálem a legdicsőségesebb hely a mennyben, ahol Isten trónusa állt, és ahol a hozzá hasonló gyermekei fognak lakni.

A Paradicsom viszont az a hely, ahol az a gonosztevő él, aki halála előtti utolsó pillanatban megtért a kereszten, és a menny határán található. Sokan fognak oda kerülni, akik szégyenletes megváltásban részesülnek. Ezek az emberek elfogadták a Jézus Krisztust, de nem léptek tovább, hogy szellemileg megváltozzanak.

Miért került a Paradicsomba a megtért gonosztevő?

Őszintén bevallotta, hogy bűnös, és elfogadta Jézust Megváltójának. De nem szabadult meg bűneitől, nem élt Isten igéje szerint és nem térített meg másokat. Nem dolgozott az Úrnak. Nem tett semmit, amiért mennyei jutalomban részesülhetett volna. Ezért került a Paradicsomba, a menny legalantasabb helyére.

Jézus alászáll a felső sírba

Bár Jézus ezt ígérte a gonosztevőnek: „Ma velem leszel a Paradicsomban", ez nem jelenti azt, hogy Jézus csak a Paradicsomba jut be a mennyben. Jézus, a királyok Királya és az urak Ura, az egész mennyországban uralkodik és lakozik Isten gyermekeivel együtt, beleértve a Paradicsomot és Új Jeruzsálemet. Ilyen értelemben a Paradicsomban is lakik, ugyanúgy, mint a mennyország többi részeiben.

Amikor Jézus így szólt az üdvözült bűnösnek: „Ma velem leszel a Paradicsomban", a „ma" nem egyszerűen Jézus halálának napjára vonatkozik, sem valamelyik másik napra. Jézus megemlítette, hogy a vezeklő bűnössel lesz mindenütt attól a pillanattól kezdve, hogy az Isten gyermekévé vált.

Ha utánanézünk a Bibliában, Jézus halála után nem került a Paradicsomba. Mt 12,40-ben Jézus azt mondja néhány farizeusnak, hogy: *„Mert a miképen Jónás három éjjel és három nap volt a czethal gyomrában, azonképen az embernek Fia is három nap és három éjjel lesz a föld gyomrában."* Efez 4,9 így szól: *„Az pedig, hogy fölment, mit jelentene mást, mint hogy előbb le is szállott a föld alsóbb részeibe?"*

Ráadásul 1 Pt 3,18-19 ezt írja: *„Mert Krisztus is szenvedett egyszer a bűnökért, mint igaz a nem igazakért, hogy minket Istenhez vezéreljen; megölettetvén ugyan test szerint, de megeleveníttetvén lélek szerint; a melyben elmenvén, a tömlöczben levő lelkeknek is prédikált."* Jézus elment a Felső Sírba, és az evangéliumot hirdette a szellemeknek, mielőtt harmadnapon feltámadott volna. Miért volt erre szükség?

Mielőtt Jézus eljött volna erre a világra, sokan az ószövetségi időkben, sőt az újszövetségi időkben is nem hallhatták az evangéliumot, és mégis erényes életet éltek, elfogadva Istent. Ez azt jelenti, hogy mindannyian a pokolra jutottak, csak mert nem tudták, kicsoda Jézus? Isten elküldte egyszülött Fiát a világra, és aki befogadja őt, megváltásra jut. Isten nem azért fogott hozzá a gondviselés óriási munkájának, hogy csak azokat váltsa meg, akik Jézust keresztre feszítése után elfogadják. Akiknek nem volt alkalmuk hallani az evangéliumot, de jó lelkiismerettel éltek, azok lelkiismeretük szerint ítéltetnek meg.

A jólelkű emberek tehát a „Felső Sírban" gyülekeznek. „Hádesz" ellenben az a hely, ahol a gonosz lelkeknek kell élniük az Ítélet Napjáig.

Az ég alatt nincs egyéb név a Jézus Krisztusnál, mely által az emberek megváltásra juthatnak. Ezért ment el Jézus igét hirdetni magáról a szellemeknek, hogy azok elfogadhassák őt, és megváltásra juthassanak.

A Bibliában az áll, hogy a Jézus keresztre feszítése előtt megváltásra jutott lelkek Ábrahám kebelébe vitetnek (Lk 16,22), de Jézus feltámadása után az Ő kebelébe vitetnek.

Üdvözülés a lelkiismeret ítélete szerint

Mielőtt Jézus eljött volna erre a világra, hogy az evangéliumot terjessze, a jó emberek úgy éltek, hogy a szívükben élő igazságérzetet követték. Ez a lelkiismeret törvénye. A jó emberek nem cselekedtek gonoszságot, még ha gondokkal és nehézségekkel küzdöttek is, mert szívük hangjára hallgattak.

Róm 1,20 ezt írja: *"Mert a mi Istenben láthatatlan, tudniillik az ő örökké való hatalmas istensége, a világ teremtésétől fogva az ő alkotásaiból megértetvén megláttatik; úgy hogy ők menthetetlenek."*

Látván a világegyetemet és azt, hogy a földön minden összhangban van, a jólelkű emberek hisznek az örökéletben. Emiatt nem bűnös természetük szerint élnek, Istentől való félelmükben uralkodnak önmagukon, és nem élnek a világ örömeinek.

Róm 2,14-15 ezt írja: *"Mert mikor a pogányok, a kiknek törvényök nincsen, természettől a törvény dolgát cselekszik, akkor ők, törvényök nem lévén, önmagoknak törvényök: mint a kik megmutatják, hogy a törvény cselekedete be van írva az ő szívökbe, egyetemben bizonyságot tévén arról az ő lelkiismeretök és gondolataik, a melyek egymást kölcsönösen vádolják, vagy mentegetik."*

Isten a törvényt csak a zsidóknak adta, a pogányoknak nem. Ennek ellenére a pogányok mintha a törvény szerint élnének, amikor a szívük törvénye: a maguk által nyert és gyakorolt lelkiismeret által élnének. Nem lehet azt mondani, hogy akik nem hittek Jézus Krisztusban, nem juthatnak megváltásra, mert életükben nem hallottak az evangéliumról.

Azok közt, akik a nélkül haltak meg, hogy megismerhették volna Jézus Krisztust, voltak, akik ki tudták zárni szívükből a gonosz gondolatokat, mert szívük tiszta volt. Ezek a szerint jutnak majd megváltásra, amilyennek Isten lelkiismeretüket ítéli.

Asszony, ímhol a te Fiad!
Ímhol a te anyád!

János apostol leírta, amit látott és hallott a keresztről, melyen Jézus függött. Sok asszony volt ott, többek közt Mária, Jézus anyja, Salomé, Mária nőtestvére, Mária, Kleopás felesége, meg Mária Magdolna. Jn 19,26-27-ben Jézus azt mondja az elkeseredett anyjának, hogy tekintse Jánost fiának, Jánosnak meg azt, hogy gondoskodjon Máriáról és saját anyjáról:

Jézus azért, mikor látja vala, hogy ott áll az ő anyja és az a tanítvány, a kit szeret vala, monda az ő anyjának: Asszony, imhol a te fiad! Azután monda a tanítványnak: Ímhol a te anyád! És ettől az órától magához fogadá azt az a tanítvány.

Miért szólította Jézus Máriát asszonynak, és nem anyámnak?

Azt a szót, hogy „anya", Jézus nem mondta ki; János apostol írta le a saját szemszögéből nézve. Miért szólította „asszonynak" Jézus saját anyját, aki életet adott neki?

Ha utánanézünk a Bibliában, Jézus nem szólította „anyámnak" Máriát.

Jn 2,1-11-ben például Jézus borrá változtatta a vizet; ez volt az első csodája. Ez a csoda a galileai Kánában esett meg. Jézust és tanítványait meghívták egy menyegzőre. Amikor elfogyott a bor, Mária azt mondta Jézusnak: „Nincs boruk", mert tudta, hogy

Jézus, mint Isten Fia, borrá tudja változtatni a vizet. Akkor Jézus így felelt: "Mi közöm nékem te hozzád, oh asszony? Nem jött még el az én órám." (4. ige).

Jézus azt felelte, hogy nem érkezett el az idő, amikor megmutathatja, hogy Ő a Megváltó, bár Mária sajnálta a vendégeket, mert elfogyott a bor. A víz borrá változtatása szellemi értelemben azt jelenti, hogy Jézus vérét fogja ontani a keresztfán.

Jézus úgy nyilvánította ki magáról, hogy Megváltóként érkezett a világra, hogy betöltötte az megváltás isteni tervét: meghalt a keresztfán. Így hát Máriát asszonynak, és nem anyámnak szólította.

Emellett Megváltónk, Jézus a Szentháromságban Isten és Teremtő. A Teremtő az AKI VAGYOK (2 Móz 3,14), és ő az Első és az Utolsó (Jel 1,17; 2,8). Emiatt Jézusnak nincs anyja, épp ezért asszonyak, nem pedig anyámnak szólítja.

Manapság Istennek számos gyermeke Máriára azt mondja, hogy Istennek szent anyja, sőt szobrot emel neki és imádja azt. Meg kell értenünk, hogy ő nem anyja a Megváltónknak (2 Móz 20,4).

A mennyország osztályosa

Jézus vigasztalta Máriát, aki kétségbe volt esve, hogy keresztre feszítik Őt, és azt mondta szeretett tanítványának, Jánosnak, hogy viseljen gondot Máriára és saját anyjára. Bár Jézus szörnyű fájdalmakat állt ki a kereszten, azért aggódni tudott Máriáért, hogy mi történik majd vele halála után. Ebből élénken érezhetjük szeretetét. Jézusnak a keresztfán kimondott harmadik szavából megérthetjük, hogy a hitben mindannyian testvérek vagyunk – Isten családja. Mt 12-ben van egy jelenet, melynek során Jézust meglátogatja családja. Amikor szólnak Jézusnak, hogy anyja és fivérei odakinn állnak, Ő így szól a tömeghez:

Ő pedig felelvén, monda a hozzá szólónak: Kicsoda az én anyám; és kik az én testvéreim? És kinyújtván kezét az ő tanítványaira, monda: Ímé az én anyám és az én testvéreim! Mert a ki cselekszi az én mennyei Atyám akaratát, az nékem fitestvérem, nőtestvérem és anyám. (Mt 12,48-50).

Ahogy Jézus Krisztus elfogadása után növekszik hitünk, egyre világosabban fogjuk érezni, hogy a mennyország osztályosai vagyunk, és jobban fogjuk szeretni testvéreinket a Krisztusban, mint biológiai rokonainkat. Ha rokonaink nem Isten gyermekei, családunk nem maradhat család az örökkévalóságig. A halál véget vet a rokonságnak. Ha nem hiszünk a Jézus Krisztusban, vagy nem élünk Isten akarata szerint annak ellenére, hogy állításunk szerint hiszünk Istenben, a pokolra fogunk jutni, mert a bűn zsoldja a halál (Mt 7,21).

Szemmel látható testünk ismét porrá válik a halál után, de szellemünk halhatatlan. Ha Isten elveszi a szellemünket, csak a tetemünk marad meg, ami hamarosan elrothad. A Teremtő Isten porból alkotta az első embert, és orrába életet lehelt, így szelleme halhatatlanná vált. Isten szüli halhatatlan szellemünket, Ő teremti a testet, ami ismét porrá válik a halál után. Emiatt Ő az igazi Atyánk. Mt 23,9 így szól hozzánk. *„Atyátoknak se hívjatok senkit e földön; mert egy a ti Atyátok, a ki a mennyben van."* Ez nem jelenti azt, hogy nem szabad szeretnünk hitetlen rokonainkat. Nagyon fontos, hogy őszintén szeressük őket, hirdessük nekik az evangéliumot és rávezessük őket Jézus Krisztus elfogadására

Elói! Elói! Lamma Sabaktáni?

Jézust a harmadik órában feszítették meg, és a hatodik órától sötétség szállt az egész földre a kilencedik óráig, amikor kilehellte a lelkét. Mai időfogalomra átváltva: reggel kilenckor feszítették meg, s három órával rá, déltájt sötétség szállt az egész földre délután háromig.

Mikor pedig hat óra lőn, sötétség támada az egész földön, kilenc óráig. És kilenc órakor fennszóval kiálta Jézus, mondván: Elói, Elói! Lamma Sabaktáni!" (Mk 15,33-34)

Hat órával rá, a kilencedik órában, Jézus így kiáltott Istenhez: „Elói! Elói! Lamma Sabaktáni?" Ez Jézus negyedik szava a keresztfán.

Jézus teljesen ki volt merülve, mert már hat órája függött a kereszten vért és vizet ontván a forró sivatagi napsütésben. A végkimerülésnél tartott. Miért kiáltott hát?

Jézusnak a keresztfán kiejtett hét szavának mindenikének szellemi jelentése van. Ha nem lettek volna hallhatóak, értelmüket vesztették volna. A hét szót arra szánták, hogy félreérthetetlenül leírattassanak a Bibliába, hogy mindenki megérthesse Isten akaratát.

Ezért Jézus teljes erejéből kiáltotta a hét szót a keresztfáról, hogy a keresztfa körül állók tisztán hallják és leírhassák.

Egyesek szerint azért kiáltotta ezt, mert neheztelt Istenre, mert értelmetlenül jött el a világra testté válva és viselt el annyi szenvedést.

Miért kiáltotta Jézus: *„Elói! Elói! Lamma Sabaktáni?"*

Jézus azért jött el erre a világra, hogy az ördög művét megsemmisítse, és megnyissa számunkra a megváltás ajtaját.

Ezért Jézus haláláig engedelmeskedett Isten akaratának, és teljes egészében feláldozta magát. Keresztre feszítése előtt még buzgóbban imádkozott, és verítéke vércseppek gyanánt hullott a földre (Lk 22,42-44). Hordozta a terhet, és tudatában volt annak, mekkora szenvedést kell majd kiállnia a keresztfán.

Azért viselte el a bántalmazást és szenvedést a keresztfán, mert ismerte Isten tervét az emberiséggel kapcsolatosan. Hát akkor hogyan neheztelhetett volna a halállal szembenézve? Kiáltása nem az elkeseredés, a harag sóhaja volt. Jézusnak nyomós oka volt rá.

Először is: Jézus ki akarta jelenteni a világ előtt, hogy azért feszítik keresztre, hogy minden bűnöst megváltson a

bűntől.

Azt akarta, hogy mindenki értse meg: dicsőségét ott hagyta a mennyországban, és Isten teljes egészében elhagyta annak ellenére, hogy Ő volt egyszülött Fia. Azért kiáltott fel, hogy mindenki tudja: borzalmas kínokat áll ki a keresztfán, hogy a bűnösöket megváltsa a bűntől. A Bibliából láthatjuk, hogy általában Atyámnak szólította Istent, most viszont Istennek szólítja. Ez azért van, mert Jézus a bűnösök helyett vállalta a keresztet, a bűnösök pedig nem szólíthatják Atyámnak Istent. Abban a pillanatban Isten Jézust megalázta. Bűnösnek nyilvánította, aki az emberek összes bűnét hordozza, és Jézus nem merészelhette Istent Atyának szólítani. Hasonlóképpen mi is Abba, Atyámnak szólítjuk Istent, amikor kölcsönös szeretetben élünk vele, de Istennek nevezzük, ha távol vagyunk tőle, mert bűnt követünk el, vagy hitünk gyenge.

Isten azt akarja, hogy minden ember igaz gyermekévé váljon, akik Atyámnak szólíthatják őt: elfogadják Jézus Krisztust, és a világosságban járnak.

Másodsorban Jézus figyelmeztetni akarta az embereket, akik nem ismerték Isten akaratát, és még mindig sötétségben éltek.

Isten elküldte egyszülött fiát, Jézus Krisztust a világra, és hagyta, hogy saját teremtményei gyalázzák és keresztre feszítsék. Jézus tudta, miért hagyta el Őt Isten, de az Őt megfeszítő tömeg nem ismerte Isten akaratát. Azért kiáltott fel: *„Én Istenem! Én Istenem! Miért hagyál el engemet?"*, hogy a tudatlanok megérthessék Isten szeretetét, és megbánhassák bűneiket, ezáltal visszatérvén a megváltás útjára.

Szomjúhozom

Az Ószövetségben sok prófécia van Jézus szenvedéseiről a kereszten. Zsolt 69,22-ben ezt írja: *„Sőt ételemben mérget adtak vala, és szomjúságomban eczettel itattak vala engem"* Mint a zsoltárok megjósolják, amikor Jézus így szólt: „Szomjúhozom", az emberek borecetbe mártottak egy szivacsot, izsópszárra tűzték azt és Jézus ajkaihoz emelték.

Ezután tudván Jézus, hogy immár minden elvégeztetett, hogy beteljesedjék az írás, monda: Szomjúhozom. Vala pedig ott egy ecettel teli edény. Azok azért szivacsot töltvén meg ecettel, és izsópra tévén azt, oda vivék az ő szájához (Jn 19,28-29).

Jóval azelőtt, hogy Jézus Krisztus megszületett volna Betlehem városában, a zsoltáríró látomásában meglátta, hogy Jézust keresztre fogják feszíteni és kereszthalált hal, és írt róla. Jézus azért mondta, hogy „Szomjúhozom,", hogy az írás beteljesedjék.

Gondolkozzunk el szellemi jelentésén Jézusnak a keresztfán kimondott ötödik szavának: „Szomjúhozom."

Jézus kijelenti, hogy szellemileg szomjúhozik

Az éhséget sokan el bírják viselni, de a szomjúságot nem. Jézus teljesen ki volt merülve, mert hat órája függött már a keresztre szegezve a perzselő sivatagi napsütésben. Elképzelhetetlenül szomjas volt.

Ez nem azt jelenti, hogy Jézus nem bírta már a szomjúságot, amikor így szólt: „Szomjúhozom." Tudta, hogy hamarosan békében megtér majd az Úrhoz.

Igazából jobban szenvedett a szellemi, mint a testi szomjtól. Ez Jézus erős kívánsága Isten gyermekeihez: „Szomjas vagyok, mert véremet ontottam. Enyhítsétek szomjamat azáltal, hogy megfizettek véremért."

Kétezer év telt el Jézus kereszthalála óta, de még mindig azt mondja nekünk, hogy szomjúhozik. Azért szomjúhozott, mert vérét ontotta. Azért ontotta vérét, hogy bocsánatot nyerjen bűneinkért, és örök életet adhasson nekünk.

Jézus azért mondja nekünk, hogy szomjúhozik, hogy bebizonyítsa, mennyire szeretné megmenteni az elveszett lelkeket. Ezért Isten gyermekei, akiket Jézus vére váltott meg, fizetniük kell az Ő véréért.

Véréért úgy tudunk fizetni, szomját úgy tudjuk csillapítani, hogy az embereket vezetjük öntudatlan útjukon a pokoltól a mennyország felé.

Ezért hálásnak kell lennünk Jézusnak, aki vérét ontotta, és csillapítanunk kell szomját azáltal, hogy az embereket a megváltás felé vezetjük.

Elvégeztetett

Jn 19,30-ban Jézus elvette az ecetet és így szólt: Elvégeztetett! És lehajtván fejét, kibocsátotta a lelkét. Jézus elfogadta az izsópra tűzött szivacsot. Ennek oka nem az, hogy már nem bírta a szomjúságot. Tettének szellemi jelentősége van.

Jézus azért jött el testté válva a világra, hogy megfeszítsék a kereszten az emberiség bűneiért. Irántunk érzett nagy-nagy szeretetében Jézus betöltötte az Ószövetség törvényét, és az emberiség minden bűnét és átkát magára vette. Az ószövetségi időkben az emberek állatok vérét áldozták Istennek, amikor bűnt követtek el. De Jézus egy áldozattal áldozott minden korok bűneiért, amikor vérét ontotta (Zsid 10,11-12). Ezért bűneink bocsánatot nyernek, amikor elfogadjuk Jézus Krisztust, mert már megváltott bennünket. A Jézus Krisztuson keresztüli megváltás az újborra vonatkozik, és Ő azért itta meg a borecetet, hogy újbort adjon nekünk.

Az „Elvégeztetett" szellemi jelentése

Jézus azt mondta: „Elvégeztetett", és kibocsátotta lelkét. Mit jelent ez szellemi értelemben?

Jézus testté vált, eljött a földre, hirdette az evangéliumot, meggyógyította a gyengeségeinket és betegségeinket, s utat nyitott a megváltás felé, amikor magára vette a keresztet azokért, akik halálra voltak szánva.

Szeretettel töltötte be az Ószövetség törvényét, amikor egészen a halálig menően feláldozta magát. Emellett legyőzte az

ördögöt: teljesen megsemmisítette az ördög művét. Azaz
betöltötte az emberi megváltás tervét. Ezért mondta Jézus azt a
kereszten, hogy: „Elvégeztetett."

Isten azt akarja, hogy gyermekei mindent betöltsenek:
éljenek Isten akarata szerint, ahogy az Ő egyszülött Fia is
betöltötte a megváltás minden feltételét azáltal, hogy
engedelmeskedett Atyjának olyannyira, hogy feláldozta életét
Isten akarata és terve szerint.

Ezért először is utánoznunk kell a mi Urunk szívét azáltal,
hogy szellemi szeretetet nyerünk el: megteremjék a Szentlélek
kilenc gyümölcsét (Gal 5,22-23), és megvalósítjuk a boldogság
formáit (Mt 5,3-10). Azután hűeknek kell lennünk a feladathoz,
melyet Urunktól kaptunk. Minél több embert kell elvezetnünk
az Úrhoz azáltal, hogy buzgón imádkozunk, hirdetjük az
evangéliumot, és az egyházat szolgáljuk.

Remélem, hogy ti, Isten drága gyermekei mindannyian
legyőzitek a világot szilárd hitetekkel, a mennyországba vetett
reményetekkel és Isten iránti szeretetetekkel, és valljátok.
„Elvégeztetett" azáltal, hogy engedelmeskedtek Istennek és az Ő
akaratának, ahogy a mi Urunk Jézus Krisztus példát mutatott.

Atyám,
a te kezeidbe teszem le az én lelkemet

Amikor kiejtette utolsó szavát a keresztfán, Jézus már a
végkimerülésnél tartott. Ebben az állapotban Jézus nagy szóval
ezt kiáltotta: „Atyám, a te kezeidbe teszem le az én lelkemet."

*És kiáltván Jézus nagy szóval, monda: Atyám, a te
kezeidbe teszem le az én lelkemet. És ezeket mondván,
meghala. (Lk 23,46)*

Észrevehetjük, hogy Jézus „Atyámnak" szólította Istent, nem
„Istennek". Ez arra utal, hogy Jézus eddigre teljesítette küldetését
engesztelő áldozatként.

Jézus Istennek ajánlotta lelkét és szellemét

Miért ajánlotta Jézus, aki Megváltónkként jött el a földre,
lelkét és szellemét Atyjának kezébe?
Az ember szellemből, lélekből és testből áll.(1 Thess 5,23).
Amikor meghal, szelleme és teste elhagyja testét. Szelleme és
lelke visszatér Isten kebelébe, ha Isten gyermeke. Máskülönben
szelleme és lelke a pokolra jut (Lk 16,19-31). Testét eltemetik, és
ismét porrá lesz.

Jézus, Isten gyermeke testté vált és eljött erre a világra.
Szelleme, lelke és teste volt csakúgy, mint nekünk. Amikor
keresztre feszítették, a teste meghalt, de szelleme és lelke nem.
Szellemét és lelkét Isten kezébe ajánlotta.

Isten magához veszi lelkünket és szellemünket is, amikor
meghalunk. Ha Isten csak a szellemet veszi magához, a lelket
nem, nem tapasztalhatjuk meg a mennyben az igazi
boldogságot, és nem lehetünk tiszta szívünkből hálásak. Miért?
Mert nem emlékszünk olyan dolgokra, melyek a lelkünkből
jönnek: könnyek, szomorúság, szenvedés és más dolgok,
amiket a földön elszenvedtünk. Ezért veszi magához Isten a

szellemet meg a lelket is. Miért ajánlotta Jézus Istennek szellemét és lelkét? Mert Isten a Teremtő, aki mindent irányít a világegyetemben, és gondot visel életünkre, halálunkra, az áldásra és az átokra. Azaz minden Istené, minden az ő uralma alá esik. Isten az egyedüli, aki megválaszolja imáinkat. Ezért Jézusnak magának is imádkoznia kellett, hogy lelkét és szellemét az Atya Istennek ajánlja (Mt 10,29-31).

Jézus hangosan imádkozott

Miért imádkozott Jézus hangosan annak ellenére, hogy borzalmasan szenvedett, ezekkel a szavakkal: „Atyám, a te kezedbe teszem le az én lelkemet"?

Azért, mert azt akarta, hogy az emberek hallják, és megtudják, hogy Isten azt akarja, hogy hangosan imádkozzunk. Az az imája, amikor lelkét Istennek ajánlotta, ugyanolyan buzgó volt, mint amikor nem sokkal letartóztatása előtt imádkozott a Getsemáné-kertben.

Emellett szavai: „Atyám, a te kezeidbe teszem le az én lelkemet" azt bizonyítják, hogy Jézus mindent betöltött Isten akarata szerint. Azaz most már leteheti lelkét Isten kezében büszkén arra, hogy munkáját befejezte Istennek való teljes engedelmességben.

Pál apostol így vall: *„Ama nemes harcot megharczoltam, futásomat elvégeztem, a hitet megtartottam: végezetre eltétetett nékem az igazság koronája, melyet megád nékem az Úr ama napon, az igaz Bíró; nemcsak nékem pedig, hanem* *mindazoknak is, a kik vágyva vágyják az ő megjelenését.* " (2 Tim 4,7-8)

István is Isten akarata szerint élt és megtartotta hitét. Ezért imádkozhatott eképpen: „Uram Jézus, vedd magamhoz az én lelkemet", amikor kilehellte lelkét (ApCsel 7,59). Pál apostol és István nem imádkozhattak volna eképpen, ha világias életet éltek volna, bűnös természetükből fakadó élvezeteket hajhászva.

Hasonlóképpen büszkén mondhatjuk: „Elvégezhetett" és „Atyám, a te kezeidbe teszem le az én lelkemet", amint Jézus tette, ha az Atya Isten akarata szerint éltünk.

Mi történt Jézus halála után?

Jézus meghalt a kereszten, miután hangosan kiáltván kimondta utolsó szavait. A kilencedik óra volt (délután három). Bár nappal volt, az egész vidéket sötétség lepte el a hatodik órától (dél) a kilencedikig, és a templom kárpitja kettéhasadt (Lk 23,44-45).

És imé a templom kárpitja fölétől aljáig ketté hasada; és a föld megindula, és a kősziklák megrepedezének; és a sírok megnyílának, és sok elhúnyt szentnek teste föltámada. (Mt 27,51-53)

Annak, hogy „a templom kárpitja kettéhasada", van egy fontos jelentése. A templom hosszú kárpitja választotta el a szentélyt a szentek szentjétől. Senki nem léphetett be a szentélybe a papon kívül, és csak a főpap léphetett be a szentek szentjébe évente egyszer. A templomkárpit kettéhasadása arra utal, hogy Jézus békeáldozatul ajánlotta önmagát, hogy lebontsa a bűnök falát.

Mielőtt a kárpit kettéhasadt volna, a főpap engesztelő áldozatokat mutatott be az emberek részéről, és közvetítette azokat Isten felé. Közvetlen kapcsolatunk lehet Istennel, mert Jézus halála lebontotta a bűnök falát. Aki hisz Jézus Krisztusban, beléphet a szentélybe és imádkozhat Istenhez főpapok vagy próféták közbenjárása nélkül.

Ezért Pál apostol a zsidókhoz írt levélben megjegyzi: *„Mivelhogy azért atyámfiai bizodalmunk van a szentélybe való bemenetelre a Jézus vére által, azon az úton, a melyet ő szentelt nekünk új és élő út gyanánt, a kárpit, azaz az ő teste által."* (Zsid 10,19-20)

Emellett megindult a föld és a sziklák kettéhasadtak. Mindezek a rendkívüli események arról vallanak, hogy az egész világ megrendült. Így mutatkozott meg Isten fájdalma az emberi gonoszság fölött. Isten kifejezte, hogy mély fájdalmat érez, mert az ember szíve túlságosan megkeményedett ahhoz, hogy befogadja Jézus Krisztust, bár egyszülött Fiát adta a megváltásukra.

A sírok megnyíltak, és sok szentnek teste feltámadt. Bizonyíték ez a feltámadásra, hogy aki hisz Jézus Krisztusban, bocsánatot nyer és újra élni fog.

Ennekokáért remélem, megérted a szellemi jelentést és az Úr szeretetét a keresztfán kimondott utolsó hét szavában, hogy győzedelmes keresztény életet élhessetek, vágyakozván az Úr visszatérésére, mint a hit atyjai.

8. fejezet

IGAZ HIT ÉS ÖRÖKÉLET

- Felette nagy titok ez!
- A hamis hitvallás nem üdvözít
- Az ember Fiának teste és vére
- Csak a világosságban járva nyerhetünk
  bűnbocsánatot
- A tettekkel kísért hit az igazi hit

A ki eszi az én testemet és issza az én véremet, az én bennem lakozik és én is abban. A miként elküldött engem amaz élő Atya, és én az Atya által élek: akként az is, a ki engem eszik, él én általam.

Jn 6,54-57

A Jézus Krisztusban való hitnek és a templomba járásnak végül is az a célja, hogy megváltásra jussunk és örökéletet nyerjünk. De sokan azt hiszik, hogy a megváltáshoz elég, ha vasárnaponként templomba járnak és azt mondják, hogy hisznek Jézus Krisztusban anélkül, hogy Isten igéje szerint élnének. Persze, amint Gal 2,16 is írja: *„Tudván azt, hogy az ember nem igazul meg a törvény cselekedeteiből, hanem a Jézus Krisztusban való hit által, mi is a Jézus Krisztusban hittünk, hogy megigazuljunk a Krisztusban való hitből és nem a törvény cselekedeteiből; mivel a törvény cselekedeteiből nem igazul meg egy test sem",* nem léphetünk be a mennyországba és nem igazulhatunk meg csupán azáltal, hogy külsőségekben megtartjuk a törvényt, különösen ha szívünk tele van gonoszsággal. Nem lehet semmi közünk Jézus Krisztushoz, ha folytonosan vétkezünk és nem követjük Isten igéjét, habár ismerjük.

Ennekokáért meg kell értenünk, hogy nehezen jutunk megváltásra, ha csak a szájunkkal teszünk tanúbizonyságot hitünkről. Jézus Krisztus vére csak akkor tisztít meg minket bűneinktől, hogy üdvözülhessünk, ha a világosságban járunk és az igazságban élünk. Az igaz hitet tetteknek kell követniük (1 Jn 1,5-7).

Lássuk hát részletesebben, hogyan lehet igaz hitünk, hogy teljes megváltásra és örök életre juthassunk, mint Isten igazi gyermekei.

Felette nagy titok ez!

Ef 5,31-32-ben olvashatjuk: *„Annakokáért elhagyja az ember atyját és anyját, és ragaszkodik az ő feleségéhez, és lesznek ketten egy testté. Felette nagy titok ez, de én a Krisztusról és az egyházról szólok."* Magától értetődik, hogy az emberek elhagyják szüleiket, és egy testté lesznek férjükkel, illetve feleségükkel, amikor felnőnek. Miért mondja hát Isten róla, hogy felette nagy titok ez? Ha ezt az igét szó szerint értjük, nem tudhatjuk meg, mi az a „felette nagy titok", de ha megérjük a mögöttes jelentését, örömmel telik el szívünk. Itt az „egyház" Isten gyermekeit jelenti, akik elfogadták a Szentlelket. Isten tehát a Jézus Krisztus és a hívők közti viszonyt hasonlítja az eggyé vált férfi és nő viszonyához. Hogyan hagyhatjuk el a világot és válhatunk eggyé Vőlegényünkkel, Jézus Krisztussal?

Ha hit által elfogadjuk Jézus Krisztust

Amióta az első ember, Ádám vétkezett, amikor nem engedelmeskedett Istennek, a bűn fészket vert a világban. Minden leszármazottja a bűn szolgájává és a világot uraló ördög gyermekévé vált.

Mi is ehhez a világhoz és a sötétség urához, az ördöghöz tartoztunk, mielőtt elfogadtuk volna Jézus Krisztust. Ezt mondja Jn 8,44 is: *„Ti az ördög atyától valók vagytok, és a ti atyátok kívánságait akarjátok teljesíteni. Az emberölő volt kezdettől* *fogva, és nem állott meg az igazságban, mert nincsen ő benne igazság.* Mikor hazugságot szól, a sajátjából szól; mert hazug és hazugság atyja", és 1 Jn 3,8: "Aki a bűnt cselekszi az ördögből van; mert az ördög kezdettől fogva bűnben leledzik."

Ám ha elfogadjuk Jézus Krisztust Megváltónknak és kijövünk a fényre, jogunk lesz Isten gyermekévé válni és megszabadulunk a bűntől, mert bűneink bocsánatot nyernek a Jézus Krisztus vére által.

Ha hiszünk abban, hogy Jézus Krisztus megváltotta bűneinket, amikor felvette a keresztet, Isten megajándékoz bennünket a Szentlélekkel, a Szentlélek meg szellemet szül szívünkbe. A Szentlélek megtanít bennünket Isten akaratára, hogy igazságban élhessünk és cselekedhessünk.

Akkor Isten gyermekévé válhatunk, akit Isten Lelke irányít, Őáltala kiálthatjuk azt, hogy "Abba, Atyám" (Róm 8,14-15), és örökösévé válhatunk a mennyek birodalmának.

Milyen csodálatos és titokzatos az, hogy az ördög gyermekei, akiknek valaha az örök halálba kellett hullaniuk, Isten gyermekeivé válhattak, akik most hit által a mennybe vezettetnek!

Amikor a Jézus Krisztusban vetett hit által egyesülünk Ővele, a Szentlélek a szívünkbe száll és egyesül az élet magvával. Isten a porból teremtette az első embert, és orrlyukaiba lehellte az életadó lehelletet. Az életadó lehellet az élet magva, maga az élet. Ezért soha nem hal meg, és átadódik az utódoknak az emberek hím és női ivarsejtjein keresztül egyik nemzedékről a másikra.

Az élet magva a szívben rejlik. Miután Isten megteremtette Ádámot, szívébe elültette az élet tudását, a szellem tudását.

Ugyanúgy, ahogy az újszülöttnek meg kell tanulnia az evilági tudást, hogy művelt emberré, egyéniséggé váljon, és emberi lényként élhessen, minden élőlénynek szüksége van az élet tudására ahhoz, hogy igazi élőlény lehessen, hiába él már. Ádámot valaha csak a szellem tudása töltötte be, azaz az igazság. De miután engedetlen volt Istenhez, megszakadt az Istennel való kapcsolata. Lassanként elvesztette a szellem tudását, és szívében fészket vert a hazugság. Attól fogva a szív, amit addig igazság töltött be, egyaránt adott helyet igazságnak és hazugságnak is. Ádámnak például volt szeretet a szívében, de az ellenséges ördög hazugságot, nevezetesen a gyűlöletet ültette el benne. Ennek eredményeként, mint a Teremtés Könyve 4. fejezetében is olvashatjuk, Káin, akit Ádám bűnbeesése után nemzett, megölte fivérét, Ábelt irigységből és féltékenységből kifolyólag.

Lassan-lassan aztán egy újabb rész alakult ki a szívben, melyet igazság és hazugság töltött be. E részt „természetnek" hívjuk. Tulajdonságainkat, jellemvonásainkat szüleinktől örököljük. Az általunk látott, hallott és megtudott dolgok érzelmeinkkel együtt megmaradnak elménkben. E kettőből áll össze a „természet" az igazság keresése során.

A természetet gyakran lelkiismeretnek is nevezik, és a lelkiismeret mindenkinél másként alakul ki attól függően, hogy milyen embereket ismerünk, milyen könyveket olvasunk, milyen körülmények közt növünk fel. Ugyanarra az eseményre vagy emberre egyesek például azt mondják, hogy jó, mások viszont azt, hogy rossz.

Ezért valakinek a szívét elemezve láthatjuk, hogy van benne

egy igaz rész, ami Istené, egy hazug rész, ami a Sátáné, no meg az illető ember természete, ami az előző kettő folyománya.

A Szentlélek egyesült az élet magvával a szívben

Ádámnál e három rész magába zárta az élet magvát, melyet Isten ültetett a szívébe. Ez az állapot akkor állt fenn, amikor Isten igéje: „Bizony meghalsz", beteljesült, miután Ádám evett a jó és gonosz tudásának fájáról. Hiába van ott az élet magva, ha nem működik, olyan, mintha ott se lenne.

Amikor például elvetjük a magvakat a szántóföldön, nem minden mag csírázik ki, mert néhány már halott. Ha viszont él a mag, biztosan kicsírázik

Ugyanígy van ez az emberekkel is. Ha az élet magva, amit Istentől nyertünk, teljesen halott, nem éledhet fel, és Isten hasztalan küldi el Jézus Krisztust az emberek megváltására, hasztalan teremti meg a mennyet meg a poklot.

Ám az élet magva, amit az ember akkor nyert, amikor Isten életet lehellt belé, örökéletű. Amikor befogadjuk az evangéliumot, az élet magva életre kel, s minél nagyobb az igaz rész szívünkben, annál könnyebben fogadjuk be az evangéliumot. Aki hallja a kereszt üzenetét, és elfogadja Jézus Krisztust, elnyeri a Szentlelket. Ekkor szívünkben az élet magva egyesül a Szentlélekkel.

Azoknak viszont, kiknek lelkiismeretét mintha tüzes vas égette volna ki, nincs hely a szívükben az evangélium számára, mert a hazugság teljesen körülfogta és elleplezte szívükben az élet magvát. Az élet magva, ami a halál állapotában volt, akkor nyer erőt, hogy betöltse feladatát, amikor kombinálódik Isten nagy hatalmával, a Szentlélekkel.

Szellemi emberré válni

Ha eljárunk az istentiszteletekre, felfogjuk Isten Igéjét és imádkozunk, Isten kegyelme és nagy ereje eltölt bennünket, és képessé tesz, hogy kövessük a Szentlélek természetét. E folyamat révén szívünk és szellemünk egyesül, mivel szívünk mind igazabbá válik azáltal, hogy a hazugság távozik belőle, és helyét igazság foglalja el. Ha az ember szívét teljesen betölti a szellem és igazság tudása, a szív maga lesz a szellem ugyanúgy, mint az első Ember, Ádám esetében.

Külsőleg hiba tűnünk hívőknek, ha nem imádkozunk, természetünk szerint fogunk cselekedni. Bennünk a Szentlélek nem szülhet szellemet, és még mindig a test embere vagyunk. Mi több, nem követhetjük a Szentlélek természetét, ha nem rontjuk le saját okoskodásunkat és érveinket, habár szorgalmasan, hosszasan imádkozunk. Ezért nem válhatunk szellemi emberré.

A Szentlélek képessé tesz minket arra, hogy a szívünkben élő igazság szerint gondolkozzunk. Ez azt jelenti, hogy a Szentlélek kívánsága szerint élünk. Hasonlóképpen a Sátán is ügyködik, hogy a romlás útjára térítsen bennünket: megkísért, hogy testies gondolatainkat kövessük olyan mértékben, amennyi hazugság maradt még szívünkben.

Ezért meg kell szabadulnunk a testies gondolatoktól és az okoskodástól, ahogy a 2 Kor 10,5 is mondja: *„Lerontván okoskodásokat és minden magaslatot, a mely Isten ismerete* *ellen emeltetett, és foglyul ejtvén minden gondolatot, hogy engedelmeskedjék a Krisztusnak."*

Ha engedelmeskedünk Isten Igéjének, igent mondunk Őneki, és a Szentlélek kívánságait követjük, szívünket csak az igazság fogja eltölteni, s akkor a szellem szent emberévé válhatunk.

Mindent elnyerünk, amit csak kérünk

Eggyé válhatunk az Úrral, ha teljesen elvetjük a hazugságot, lerontjuk az „okoskodást" azáltal, hogy a Szentlélekkel megszüljük a szellemet, és olyan tisztává tesszük a szívünket, mint a mi urunk Jézus Krisztusé.

A férfi és a nő egy testté válik, és gyermeket nemz a hím és női ivarsejt egyesülése által. Hasonlóképpen, amikor elhagyjuk a világot, és eggyé válunk vőlegényünkkel, a Jézus Krisztussal azáltal, hogy elfogadjuk, szellemet nemzünk a Szentlélekkel, és bőségesen részesülünk az áldásokban, amik Isten gyermekeinek járnak.

Mint Róm 12,3-ban is olvashatjuk, a hitnek mértéke van, és imáink hitünk mértéke szerint válaszoltatnak meg. 1Jn 2,12 és a következő igék a hit növekedését az emberi élet állomásaihoz hasonlítják.

Aki elfogadja Jézus Krisztust, elnyeri a Szentlelket, és bűnbocsánatot nyer, az a gyermek hitével rendelkezik (1 Jn 2,12). Aki megpróbálja tettekben alkalmazni az igazságot, az a fiacskák hitével rendelkezik (1 Jn 2,13). Amikor ezen az állomáson túljut, és sikerrel alkalmazza tettekben az igazságot, az ifjak hitével rendelkezik (1 Jn 2,13). Ha még jobban felnő, az atyák hitével rendelkezik (1 Jn 2,13).

Jóbról azt írja az Ószövetség, hogy Isten igaz és bűntelen embernek tartotta, de amikor a Sátán megkérdőjelezte ezt, Isten megengedte neki, hogy próbára tegye Jóbot. Jób az elején erősítgette, hogy ő igaz ember. De hamarosan ráébredt gonoszságára, és töredelmet gyakorolt Isten előtt, amikor a próba során fény derült a természetében rejlő gonoszságra. Jób önhittsége megtört, s szíve igaz és tiszta lett Isten szemében. Csak ekkor áldhatta meg Isten kétszer olyan bőségesen, mint azelőtt.

Hasonlóképpen, ha elnyerjük az atyák hitének mértékét, ami a hit legmagasabb mértéke, azáltal, hogy megtörjük önhittségünket és eggyé válunk az Úrral, túláradó áldásokban részesülhetünk, mint Isten gyermekei. Ezt ígérte Isten 1 Jn 3:21-22-ben: *„Szeretteink, ha szívünk nem vádol minket, bizodalmunk van az Istenhez; és akármit kérünk, megnyerjük tőle, mert megtartjuk az ő parancsolatait, és azokat cselekesszük, a mik kedvesek előtte."*

Részesülhetünk az Isten gyermekének kijáró áldásokban

Ilymódon eggyé leszünk a Jézus Krisztussal olyannyira, hogy szellemivé válunk. Részesülünk abban az áldásban is, hogy eggyé válunk Istennel abban a mértékben, amennyire Isten igazságosságát elsajátítjuk.

Jn 15,7-ben Jézus megígérte: *„Ha én bennem maradtok, és*

az én beszédeim bennetek maradnak, kérjetek, a mit csak
akartok, és meglesz az néktek." Jn 17,21-ben ezt is mondta:
„hogy mindnyájan egyek legyenek; a mint te én bennem,
Atyám, és én te benned, hogy ők is egyek legyenek mi bennünk:
hogy elhigyje a világ, hogy te küldtél engem."
Hasonlóképpen, ha eggyé válunk az Úrral azáltal, hogy
elhagyjuk ezt a világot, amit a sötétség hatalma ural, eggyé
válunk Atyánkkal, az Istennel. Gal 4,4-7 így ír erről:

Mikor pedig eljött az időnek teljessége, kibocsátotta
Isten az ő Fiát, a ki asszonyból lett, a ki törvény alatt
lett, hogy a törvény alatt levőket megváltsa, hogy
elnyerjük a fiúságot. Minthogy pedig fiak vagytok,
kibocsátotta az Isten az ő Fiának Lelkét a ti szíveitekbe,
ki ezt kiáltja: Abba, Atya! Azért nem vagy többé szolga,
hanem fiú; ha pedig fiú, Istennek örököse is Krisztus
által.

Ahogy az emberek javakat örökölnek szüleiktől, Isten
országát is elörököljük, ha gyermekévé válunk azáltal, hogy
elfogadjuk Jézus Krisztust. Azaz az ördög gyermekei a pokolt
örökölik az ördögtől, Isten gyermekei pedig a mennyországot
Istentől.

De nem szabad elfelednünk, hogy akik nem szülik meg a
szellemet a Szentlélek által, a pokolra jutnak, mert a
mennyország tiszta hely, ahol csak igazság lakozik, és amennyire
szellemünk gazdag és eggyé válik Istennel, abban a mértékben
részesülhetünk a dicsőségben, hogy Isten közelségében

lakozhassunk a mennyben.

Ennekokáért remélem, hogy elnyerhetitek az örökélet áldását azáltal, hogy elfogadjátok Jézus Krisztust vőlegényetekként, és eggyé váltok az Úr Jézussal és az Atya Istennel azáltal, hogy elvetitek a hazugságot meg az önhittséget. Eképpen egész nap dicsőíthetitek az Urat.

A hamis hitvallás nem üdvözít

Jézus Krisztus akkor válik igaz vőlegényünkké, aki elvezet az örök élethez és az áldáshoz, ha hit által eggyé válunk vele. Ha hasonlatossá válunk vőlegényünk, Jézus Krisztus szívéhez, és elérjük a tökéletes hitet, nemcsak hogy örököljük a mennyek királyságát, de napként fogunk ragyogni benne.

Ha figyelmesen olvassuk a Bibliát, láthatjuk, hogy vannak, akik állításuk szerint hisznek Istenben, mégsem jutnak megváltásra. Máté Evangéliumának 25. részében olvashatjuk a tíz szűz példázatát. Az öt eszes szűz, aki vitt magával olajat, megváltásra jutott, de az öt bolond szűz nem nyerhette el a megváltást.

Hasonlóképpen Isten világosan elmondja a Bibliában, ki az, aki megváltásra juthat és ki az, aki nem, hiába állítja magáról, hogy hisz. Ebből megtudhatjuk, hogyan kell élnünk ahhoz, hogy elnyerjük a megváltást.

Mt 7,21-ben világosan le van írva: *„Nem minden, a ki ezt mondja nékem: Uram! Uram! megyen be a mennyek országába, hanem a ki cselekszi az én mennyei Atyám* *akaratát."* Ha azt mondjuk Jézusnak: Uram! Uram! -, ez azt jelenti, hogy tudjuk, hogy Jézus a Krisztus. De nem juthatunk megváltásra csupán azáltal, hogy az Úr nevét kiáltjuk, és vasárnaponként eljárunk a templomba.

A gonoszok nem juthatnak megváltásra

Mt 13,40-42-ben Isten az Utolsó Ítéletről mesél:

A miképen azért összegyűjtik a konkolyt és megégetik: aképpen lesz a világnak végén. Az embernek Fia elküldi az ő angyalait, és az ő országából összegyűjtik a botránkozásokat mind, és azokat is, a kik gonoszságokat cselekesznek; és bevetik őket a tüzes kemenczébe: ott lészen sírás és fogcsikorgatás.

Amikor a gazda arat, a búzát betakarítja csűrébe, a konkolyt viszont megégeti. Hasonlóképpen, Isten azt mondja nekünk, hogy aki Isten szemében nem jó, annak el kell nyernie büntetését.

Isten szemében azok nem jók, akik színleg hisznek Istenben, de testvéreiket a hitben megkísértik és a hitetlenség útjára terelik. Nem juthatunk tehát megváltásra, ha az embereket bűnre és gonoszságra visszük.

Mi is a gonoszság? 1 Jn 3,4-ben olvashatjuk: *,,Valaki a bűnt cselekszi, az a törvénytelenséget is cselekszi; a bűn pedig törvénytelenség."*

Mint ahogy minden országnak vannak törvényei, Isten országában is van egy szellemi törvény. A szellem birodalmának törvénye Isten igéje, ami meg van írva a Bibliában. Aki megszegi Isten igéjét, arra büntetés vár, mint ahogy a törvényszegőket is bünteti a törvény. Isten törvényét nagyjából négy osztályba sorolhatjuk: „Tedd ezt", „Ne tedd ezt", „Tartsd meg" és „Vesd el". Mivel Isten fény, azt mondja gyermekeinek, hogy tegyék, ami helyes, ne tegyék, ami helytelen, tartsák meg istengyermeki kötelességeiket és vessék el azt, amit Isten gyűlöl, mert Ő azt akarja, hogy gyermekei a fényben éljenek.

5 Móz 10,12-13-ban Isten a következőre ösztökél bennünket: *„Most pedig, óh Izráel! mit kíván az Úr, a te Istened tőled? Csak azt, hogy féljed az Urat, a te Istenedet; hogy minden ő utain járj, és szeresd őt, és tiszteljed az Urat, a te Istenedet, teljes szívedből, és teljes lelkedből, megtartván az Úrnak parancsolatait és rendeléseit, a melyeket én ma parancsolok néked, hogy jól légyen dolgod!"* Ha Isten igéjét cselekedjük, áldásokban részesülünk. Ha viszont nem élünk az Ő igéje szerint, örök halál vár ránk a gonoszság és bűn miatt.

Gal 5,19-21 felsorolja a testnek cselekedeteit.

A testnek cselekedetei pedig nyilvánvalók, melyek ezek: házasságtörés, paráznaság, tisztátalanság, bujálkodás, bálványimádás, varázslás, ellenségeskedések, versengések, gyűlölködések, harag, patvarkodások, visszavonások, pártütések, irígységek,

gyilkosságok, részegségek, dobzódások és ezekhez
hasonlók: melyekről előre mondom néktek, a miképen
már ezelőtt is mondottam, hogy a kik ilyeneket
cselekesznek, Isten országának örökösei nem lesznek.

A „házasságtörés" mindenféle nemi tisztátlanságra
vonatkozik, beleértve azt is, ha valaki nemi viszonyt folytat
házasságkötés előtt. A „paráznaság" itt a józan észt túllépő
rendhagyó tetteket jelenti, ami a bűnös természet folyománya.
„Bujálkodás" az, ha az ember mindig bűnös, nemi
erkölcstelenségét követi, és házasságtörő szavakkal és tettekkel él.

„Bálványimádás" annyi, mint arany, ezüst, bronz vagy egyéb
anyagból készült tárgyakat imádni, vagy ha bármi mást jobban
szeretünk Istennél.

„Varázsolni" azt jelenti, hogy másokat ravasz hazugságokkal
megtéveszteni. „Ellenségeskedés" azt kívánni, hogy mások
tönkremenjenek, a szeretet ellentéte. „Versengés" önmagunk
javának és előtérbe tolásának a keresése. „Gyűlölködés" másokat
gyűlölni, mert érezzük, hogy az illető jobb minálunk. A „harag",
ha eluralkodik rajtunk, kárt tehetünk másokban.

A „patvarkodás" azt jelenti, hogy külön csoportot alkotunk,
és a Sátán művét követjük, mert nem értünk egyet másokkal.
„Pártütés" itt annyit tesz, mint saját pártot alakítani, különválni a
többitől saját fejünk után menve, nem hallgatva a Szentlélekre.
„Visszavonás" megtagadni Istent, a Szentháromságot és Jézust,
aki testté válva eljött a világra, vérét ontotta, hogy megmentse az
embereket, és Krisztussá vált.
„Irigység" valaki mást megkárosítani féltékenységből

kifolyólag. „Részegség" az, ha lerészegedünk, féktelenül élünk és eluralkodnak rajtunk a szenvedélyek, de az is, ha nem teljesítjük hitvesi vagy szülői kötelességünket.

Az „ezekhez hasonlók" alatt Isten azt érti, hogy sok ezekhez hasonló tett van még, és aki ilyesmit cselekszik, nem juthat megváltásra.

Halálos és nem halálos bűnök

Ezen a világon a bűnt akkor tekintik bűnnek, ha az eredménye szemmel látható, és a mások testi megkárosítását cáfolhatatlan bizonyítékok támasztják alá. De Isten, aki maga a világosság, azt mondja nekünk, hogy nemcsak a bűnös cselekedetek számítanak bűnnek, de mindaz a sötétség, ami a világosság ellen van.

Bár nem mutatjuk ki, és nincs rá tanú, szívünk összes bűnös vágya, amilyen a gyűlölködés, féltékenység, irigység, kéjvágy, mások fölötti ítélkezés, előítéletek, szívtelenség és hazug gondolatok gonoszok és bűnösek is.

Ezért mondja nekünk Isten: *„Én pedig azt mondom néktek, hogy valaki asszonyra tekint gonosz kívánságnak okáért, immár paráználkodott azzal az ő szívében."* (Mt 5,28), és: *„A ki gyűlöli az ő atyjafiát, mind embergyilkos az: és tudjátok, hogy egy embergyilkosnak sincs örök élte, a mi megmaradhatna ő benne"* (1 Jn 3,15). Emellett a Róm 14,23 azt mondja: *„A ki pedig kételkedik, ha eszik, kárhoztatva van, mert nem hitből eszik. A mi pedig hitből nincs, bűn az."* Jak 4,17-ben pedig ezt olvashatjuk: *„A ki azért tudna jót cselekedni,* *és nem cselekeszik, bűne az annak.* Fel kell tehát fognunk, hogy bűn és törvényszegés nem azt tenni, amit Isten akar és parancsol. De minden ember meghal, ha ezekbe a bűnökbe esnek? Rá kell jönnünk, hogy hitben élni annyi, mint az, hogy aki régebb hazudott, most imádkozik, és igyekszik igaz emberré válni. Még ha nem is vetették el még szívük minden őszintétlen gondolatát hitük gyengesége miatt, nem igaz, hogy nem nyerhetnek megváltást e bűn miatt.

1 Jn 5,16-17-ben olvashatjuk: *„Ha valaki látja, hogy az ő atyjafia vétkezik, de nem halálos bűnt, könyörögjön, és az Isten életet ad annak, a ki nem halálos bűnnel vétkezik. Van halálos bűn; nem az ilyenért mondom, hogy könyörögjön. Minden igazságtalanság bűn; de van nem halálos bűn is."*

A bűnöket általában két osztályba soroljuk: vannak halálos és nem halálos bűnök. A nem halálos bűnök elkövetőik elérhetik a megváltást, ha bátorítjuk őket, imádkozunk értük és segítünk nekik megbánni bűneiket. De a halálos bűnök elkövetői nem juthatnak megváltásra még akkor sem, ha imádkozunk értük.

Az őszintének tartott emberek néha hazudnak saját javukat keresve, vagy sok félrevezető dolgot cselekednek még akkor is, ha maguk a tettek nincsenek mások kárára. Az ember rájön, hogy bűnös volt, amikor megérti az igazságot, bár azt hitte, hogy igaz életet élt, mielőtt Istenben hitt volna. Isten nemcsak azokat a bűnöket mutatja meg nekünk, amik láthatóak, de a szívünkben élő gonosz gondolatokat is, melyeknek mindenike bűn.

Minden rossz cselekedet bűn, és a bűn zsoldja a halál. De Jézus Krisztus minden elmúlt, jelen vagy eljövendő bűnünket megbocsátotta, amikor vérét ontotta a kereszten. Vannak bűnök, melyek Jézus vérének hatalma által bocsánatot nyerhetnek, ha megbánjuk azokat, és elfordulunk tőlük.

Ha nem bánjuk meg bűneinket, hanem tovább vétkezünk, lelkiismeretünk megkeményszik. Végül pedig, ha halálos bűnt követünk el, nem tudjuk befogadni a bűnbánat szellemét. Ezért bűneink nem nyernek bocsánatot még akkor sem, ha igyekszünk megbánni őket.

Most pedig vizsgáljuk meg a három halálos bűnt: a Szentlélek káromlását, Isten Fiának ismételt nyilvános meggyalázását, és a szántszándékú, folyamatos vétkezést.

A Szentlélek káromlása

A Szentlélek káromlásának három formája van. Káromoljuk a Szentlelket, amikor ellene beszélünk, amikor ellene teszünk és amikor meggyalázzuk.

Azt mondom azért néktek: Minden bűn és káromlás megbocsáttatik az embereknek; de a Lélek káromlása nem bocsáttatik meg az embereknek. Még a ki az ember Fia ellen szól, annak is megbocsáttatik; de a ki a Szent Lélek ellen szól, annak sem ezen, sem a más világon meg nem bocsáttatik. (Mt 12,31-32).

És ha valaki valamit mond az embernek Fia ellen, megbocsáttatik annak; de annak, a ki a Szent Lélek ellen szól káromlást, meg nem bocsáttatik. (Lk 12,10).

Először is mások ellen beszélni annyi, mint rágalmazni őket és elferdíteni tetteik értelmét. A Szentlélek ellen szólani annyi, mint megpróbálni akadályozni Isten Országának a megteremtését azáltal, hogy megszakítjuk a Szentlélek munkáját saját fejünk és elképzelésünk szerint. A Szentlélek ellen beszélünk például, ha szembefordulunk Isten cselekedeteivel, mert nem esnek egybe saját elképzeléseinkkel annak ellenére, hogy a Szentlélek cselekedte azokat.

Ha Istennek egy szolgáját eretneknek ítéljük, pedig nem az, és megszakítjuk a Szentlélek működését, az olyan borzalmas bűn Isten előtt, hogy azt nem lehet megbocsátani. Ezért tudnunk kell különbséget tenni a szellemek között az igazság függvényében.

Természetesen szigorúan figyelmeztetni kell az embereket, és nem szabad megengedni, hogy úgy viselkedjenek, ha megpróbálnak másokat rávenni a gonosz lelkek befogadására, vagy ha valóban eretnekek Isten szemében. Tit 3,10-ben olvashatjuk: *„Az eretnek embert egy vagy két intés után kerüld."*

Manapság sokan eretneknek ítélnek, sőt még különféle módon üldöznek is bizonyos egyházakat, melyek elismerik a Szentháromság Istenét, és a Szentlélek munkál bennük, mégpedig abból az okból, mert nem tudnak különbséget tenni a különféle szellemek között. Bár állításuk szerint hisznek Istenben, nincs elegendő bibliai tudásuk az eretnekségre vonatkozóan. Néha még az eretnek szó jelentését sem ismerik.

Amikor valaki alapos tudás híján üldöz másokat, ha később megbánja ezt és abbahagyja, bocsánatot nyerhet. De ha rossz szándékkal és féltékenységgel megzavarja Isten munkáját annak ellenére, hogy tudja, hogy a Szentlélek munkál benne, soha nem nyerhet bocsánatot. Erre a Bibliában is találhatunk példát. Márk Evangéliumának harmadik részében, amikor Jézus jeleket és csodákat művelt, a rá féltékenykedők elhíresztelték, hogy megbolondult. A híresztelés annyira elterjedt, hogy Jézus rokonai messziről eljöttek, hogy elvigyék valahová a nyilvánosság elől.

A törvénytanítók és a farizeusok bírálták Jézust: *„Az írástudók pedig, a kik Jeruzsálemből jöttek vala le, azt mondták, hogy: Belzebúb van vele, és: Az ördögök fejedelme által űzi ki az ördögöket."* (Mk 3,22). Alapos tudással rendelkeztek Isten igéjéről. Nagyon jól ismerték a törvényt, sőt tanították is az embereknek, mégis szembefordultak Isten cselekedeteivel, mivel irigyek és féltékenyek voltak Jézusra.

A második, *a Szentlélek munkáját akadályozni* annyi, mint dacolni a Szentlélek hangjával, amit Isten adott, vagy a Szentlélek cselekedeteinek elítélése és az, ha megpróbálunk bántani másokat. is.

A Szentlélek ellen szólunk például akkor, ha hazugságokat terjesztünk, írunk valamit vagy eretneknek bélyegzünk egy lelkészt vagy egyházat, akiben vagy amiben a Szentlélek mutatkozik meg, azzal a céllal, hogy evangelizációs gyűléseket zavarjunk meg.

Mit is jelent az, hogy „Még a ki az ember Fia ellen szól, annak is megbocsáttatik"? Ebben az igében az ember Fia Jézusra vonatkozik, aki emberként jött el a földre, mielőtt keresztre feszítették volna.

Az ember Fia ellen szólni annyi, mint nem engedelmeskedni Jézusnak, nem ismerni el isteni mivoltát csak azért, mert testté válva jött el a földre. Egyesek tudatlanságból nem ismerik el Jézust Megváltójuknak. Ebben az esetben bocsánatot nyerhetnek és megváltásra juthatnak, de csak akkor, ha mélységesen megbánják bűneiket, és elfogadják az Urat. Ezért ha úgy követjük el ezt a bűnt, hogy nem tudjuk az igazságot, vagy mielőtt elnyernénk a Szentlelket, Isten többször is esélyt ad nekünk, hogy megbánjuk bűnünket, és bocsánatot nyerhessünk.

Ha viszont nem engedelmeskedünk és ellenkezünk az Úrral, bár nagyon is jól tudjuk, kicsoda Jézus Krisztus, meg kell értenünk, hogy soha nem nyerhetünk bocsánatot érte, mert ugyanannyi, mintha a Szentlélek ellen szólnánk és a Szentlélek munkáját akadályoznánk.

Harmadsorban, szentségtörés az is, ha isteni, szent és tiszta dolgokat gyalázunk. Szentlélek elleni szentségtörés az is, ha **meggyalázzuk a Szentlelket,** Isten Lelkét, és Isten isteni mivoltát. Isten örök hatalmát és isten mivoltát gyalázzuk, ha rágalmazzuk a Szentlélek cselekedeteit, azt állítjuk róluk, hogy a Sátán cselekedetei, vagy ellenkezőleg, azt állítjuk valamiről, hogy Szentlélek műve, pedig nem az. És az is, ha az igazságot hazugságnak mondjuk, az igazságot tévedésnek minősítjük, mind-mind Szentlélek elleni káromlások.

Régebb, ha valakit rajtakaptak, hogy a király ellen szólt vagy cselekedett, árulásnak minősítették, és az illetőt kivégezték. Ha Isten szentséges hatalmát gyalázzuk, aki mindenható, és

mindenben fölötte áll az evilági királyoknak, soha nem
nyerhetünk bocsánatot. Jézus, aki isteni természetű volt, és testté válva jött el erre a
világra, nem ítélt el senkit. Ha ennek ellenére elítéljük
testvéreinket, az borzalmas bűn! Ha féljük és tiszteljük Istent,
soha nem teszünk, szólunk a Szentlélek ellen, soha nem
gyalázzuk. Ennekokáért meg kell értenetek, hogy e bűnök soha nem
nyerhetnek bocsánatot se most, sem a jövőben, és nem szabad
ilyen bűnt elkövetnetek. És ha már elkövettetek ilyen bűnt,
könyörögjetek Isen irgalmáért, és bánjátok meg tiszta
szívetekből.

Isten Fiának nyilvános meggyalázása

Halálhoz vezet, ha Isten Fiát ismételten keresztre feszítjük és
nyilvánosan meggyalázzuk, ahogy azt Pál apostol is leírta a
Zsidókhoz szóló Levelének hatodik fejezetében:

*Mert lehetetlen dolog, hogy a kik egyszer
megvilágosíttattak, megízlelvén a mennyei ajándékot, és
részeseivé lettek a Szent Léleknek, és megízlelték az
Istennek jó beszédét és a jövendő világnak erőit, és
elestek, és ismét megújultak a megtérésre, mint a kik
önmagoknak feszítik meg az Istennek ama Fiát, és
meggyalázzák őt. (Zsid 6,4-6).*

Vannak, akik elhagyják az egyházat és Istent a világ

kísértésének engedve, s mélységesen meggyalázzák Istent annak ellenére, hogy elnyerték a Szentlelket, tudnak a mennyország és a pokol létezéséről és hisznek az igazság szavában. Az ilyenekről azt mondjuk, hogy ismételten keresztre feszítik Isten Fiát, és nyilvánosan meggyalázzák Őt. Az ilyen emberek nemcsak hogy sok bűnt követnek el a Sátán irányítása alatt, de tagadják Istent, üldözik és megalázzák az egyházat és a hívőket. Ők már átadták lelkiismeretüket a Sátánnak, úgyhogy szívük sötétséggel teli. Ennekokáért egyáltalán nem is akarják megbánni bűneiket, és a megbánás szelleme nem költözik beléjük. Nincs alkalmuk megbánni bűneiket, ezért bocsánatot sem nyerhetnek.

Júdás Iskarióta elkövette ezt a bűnt. Egyike volt Jézus tizenkét tanítványának. Sok csodának és jelnek volt tanúja, de pénzéhessé lett, és eladta Jézust harminc ezüstpénzért. Később furdalni kezdte a lelkiismeret, és sajnálta, amit tett, de a bűnbánat szelleme nem öntötte el Júdást. Bűne nem nyerhetett bocsánatot, s végül öngyilkos lett, mert borzalmasan kínozta a bűne (Mt 27,3-5).

Szándékosan vétkezni

Az utolsó halálos bűn az, ha szándékosan vétkezünk továbbra is az igazság megismerésére való eljutás után.

Mert ha szándékosan vétkezünk, az igazság megismerésére való eljutás után, akkor többé nincs bűnökért való áldozat, hanem az ítéletnek valami rettenetes várása és a tűznek lángja, a mely megemészti az ellenszegülőket. (Zsid 10,26-27).

„Ha szándékosan vétkezünk az igazság megismerésére való eljutás után" annyi, mint ismételten elkövetni olyan dolgokat, melyeket Isten nem bocsát meg. Azt is jelenti, hogy tovább vétkezünk, bár tudjuk, hogy bűn az, amit teszünk: *„De betelt rajtok az igaz példabeszéd szava: Az eb visszatért a saját okádására, és a megmosódott disznó a sárnak fertőjébe"* (2 Pt 2,22).

Amikor Dávid, aki nagyon szerette Istent, házasságtörést követett el, ez sok bűnt szült, és odáig ment, hogy meggyilkolta egyik leghűbb katonáját. Ám amikor Náthán próféta szembesítette bűnével, Dávid király azonnal bűnbocsánatot gyakorolt.

Saul király viszont tovább vétkezett, hiába szembesítette bűneivel Sámuel próféta. Dávid bűnbánatot gyakorolt és elnyerte Isten áldását, Sault viszont elhagyta Isten, mert nem gyakorolt bűnbánatot, hanem tovább vétkezett.

Bálám próféta volt, hatalma volt áldani és átkozni, de amikor megalkudott a világgal, hogy hírnévre és vagyonra tegyen szert, nyomorúságos véget ért.

A szándékosan vétkezők szívében a Szentlélek elhalványul, mert Isten hátat fordít nekik. Ekkor az illetők elvesztik hitüket, és az ördög sugallatára sok rosszat cselekszenek. Végül teljesen eltűnik belőlük a Szentlélek, és nem nyerhetnek megváltást, mert nem tudnak bűnbocsánatot gyakorolni, és neveik kitöröltetnek az Élet Könyvéből (Jel 3,5).

Vannak viszont olyanok, akik azért vétkeznek továbbra is, mert csak tudással ismerik Istent, de szívükben nem hisznek Őbenne. Az ő bűnük bocsánatot nyerhet, és eljuthatnak a megváltás útjára, ha szívük mélyéről bűnbánatot gyakorolnak és igaz hitük van.

Tudjátok meg ennekokáért, hogy nem juthattok megváltásra, ha szándékosan vétkeztek, engedve bűnös természetek sugallatának annak ellenére, hogy egyszer már megvilágosodtatok, hittetek mennynek és pokolnak létezésében és megtapasztaltátok Isten túláradó kegyelmét.

És remélem, teljes egészében megértitek, hogy minden bűn törvényszegés és sötétség, és Isten gyűlöli a bűnöket még akkor is, ha nem halálos bűnök. Kérlek titeket, legyetek bölcs hívők, és ne engedjetek meg, ne cselekedjetek semmiféle bűnt.

Az ember Fiának teste és vére

Ha egészségesek akarunk maradni, tápláló enni- és innivalókat kell fogyasztanunk. Hasonlóképpen ahhoz, hogy szellemünk egészséges maradjon és elnyerjük az örökéletet, az ember Fiának testéből kell ennünk és az Ő véréből kell innunk.

Most elmondom nektek, mi az ember Fiának teste és vére, és miért kell ennünk a testéből és innunk a véréből ahhoz, hogy örökéletet nyerjünk, Jn 6,53-55 alapján:

Monda azért nékik Jézus: Bizony, bizony mondom néktek: Ha nem eszitek az ember Fiának testét és nem isszátok az ő vérét, nincs élet bennetek. A ki eszi az én testemet és issza az én véremet, örök élete van annak, és én feltámasztom azt az utolsó napon. Mert az én testem bizony étel és az én vérem bizony ital.

Mi az ember Fiának teste?

Jézus a Bibliában példázatokban mondja el nekünk a mennyország titkait és Isten akaratát. A mi háromdimenziós világunkban élő embereknek nehéz felfogni az akaratát Istennek, aki a négydimenziós világban és afölött lakozik. Emiatt Jézus a mennyei dolgokat evilági élőlényekhez, növényekhez, állatokhoz és emberi életekhez hasonlította, hogy segítsen megérteni Isten akaratát.

Ezért hasonlítja a Biblia Jézust, Isten egyszülött Fiát kősziklához, csillaghoz, melyek dimenziók felettiek, egydimenziós borhoz, kétdimenziós bárányhoz és az ember Fiához, aki háromdimenziós.

Az ember Fiának Jézust nevezik, így hát az ember Fiának teste Jézus teste.

Jn 1,1-ből megtudhatjuk: *„Kezdetben vala az Ige, és az Ige vala az Istennél, és Isten vala az Ige."* Jn 1,14 a következőt jelenti ki: *„És az Ige testté lett és lakozék mi közöttünk (és láttuk az ő dicsőségét, mint az Atya egyszülöttjének dicsőségét), a ki teljes vala kegyelemmel és igazsággal."*

Jézus az, aki testté lett, és eljött erre a világra, mint Isten Igéje.

Ennekokáért az ember Fiának teste Isten Igéje, ami maga az igazság, és az ember Fiának testéből enni annyi, mint megtanulni

Isten igéjét a Bibliából.

Hogyan együnk az ember Fiának testéből

2 Móz 12,5 és a következő néhány ige Jézust a „Bárányként"
írja le:

> *A bárány ép, hím, egy esztendős legyen; a juhok közül
> vagy a kecskék közül vegyétek. És legyen nálatok őrizet
> alatt e hónap tizennegyedik napjáig, és ölje le Izráel
> községének egész gyülekezete estennen. És vegyetek a
> vérből, és azokban a házakban, a hol azt megeszik,
> hintsetek a két ajtófélre és a szemöldökfára.*

Általában sok hívő hiszi, hogy a bárány az új hívőket jelenti,
de figyelmesen tanulmányozva a Bibliát rájövünk, hogy a bárány
Jézust jelképezi.

Amikor Keresztelő Szent János meglátta a felé közeledő
Jézust, így szólt Jn 1,29-ben: „*Másnap látá János Jézust ő
hozzá menni, és monda: Ímé az Istennek ama báránya, aki
elveszi a világ bűneit!*" Péter apostol is báránynak nevezi Jézust
1 Pt 1,19-ben: „*Tudván, hogy nem veszendő holmin, ezüstön
vagy aranyon váltattatok meg a ti atyáinktól örökölt hiábavaló
életetekből; hanem drága véren, mint hibátlan és szeplőtelen
bárányén, a Krisztusén.*" Ezeken kívül is sok kifejezés létezik,
mely Jézust bárányhoz hasonlítja.

Miért hasonlítja a Biblia bárányhoz Jézust? A bárány minden
háziállat közül a legszelídebb és legengedelmesebb. Felismeri

juhászának hangját és engedelmeskedik neki. A bárányt nem lehet becsapni, hiába utánozza másvalaki pásztorának hangját. Fehér, lágy prémét, tejét, húsát és minden testrészét az embernek adja.

Amiképpen a bárány is mindenét feláldozza az emberekért, Jézus tökéletesen engedelmeskedett Isten akaratának, és mindent feláldozott értünk.

Jézus testté válva jött el erre a világra isteni természete ellenére, hirdette a mennynek evangéliumát, sok betegséget meggyógyított, és keresztre feszítették.

Jézust azért hasonlítják bárányhoz, mert tulajdonságai és cselekedetei olyanok, mint egy szelíd bárányéi, és bárányt enni annyi, mint Jézus, azaz az ember Fiának testét enni.

Hogyan együk tehát az ember Fiának testét? 2 Móz 12,9-10-ben a következő útmutatásokat olvashatjuk:

Ne egyetek abból nyersen, vagy vízben főtten, hanem tűzön sütve, a fejét, lábszáraival és belsejével együtt. És ne hagyjatok belőle reggelre, vagy a mi megmarad belőle reggelre, tűzzel égessétek meg.

Egy: ne egyétek Isten Igéjét nyersen

Mit jelent az, hogy „nyersen" enni az ember Fiának húsát?

Általában véve nem jó nyersen enni a húst. Ha nyersen esszük a húst, vírust vagy baktériumot kaphatunk el, és megbetegedhetünk. Hasonlóképpen Isten azt mondja, hogy ne együk Isten igéjét nyersen, mert ártalmas.

Isten igéje a Szentlélektől ihletődött, ezért a Szentlélektől ihletve kell olvasnunk és táplálékunkká tennünk. Mi történik, ha szó szerint értelmezzük Isten igéjét? Valószínűleg félreértelmezzük Isten szándékát. Ezért nyersen enni Isten igéjét annyi, mint szó szerint értelmezni a Bibliát.

Jn 1,1-ben olvashatjuk: *"Isten vala az Ige"*, vagyis a Biblia tartalmazza Isten szívét és akaratát, és minden e szerint az Ige szerint valósul meg. Isten igéjéből megtudhatjuk, hogyan juthatunk a mennyországba. Teljes egészében meg kell értenünk Isten igéjét ahhoz, hogy örökéletet nyerjünk. És fordítva, a testies ember nem láthatja, nem foghatja fel a szellemi világot.

Olyan, mint hogy a tücsök nem tud az ég létezéséről, mivel a földben él begubózva. Olyan, mint amikor a csirke nem tud a külvilágról, amíg a tojásban van. Olyan, mint amikor a csecsemő nem tud semmit a világról, amíg az anyja méhében van.

Hasonlóképpen, amíg ebben a testi világban vagyunk, nem tudunk semmit a szellemi világról.

Isten azt mondja nekünk, hogy van egy másik világ ezen a háromdimenziós világon túl. Mint ahogyan a meg nem született csibének át kell törnie a tojáshéjon, nekünk is át kell törnünk testies gondolkozásmódunkon, ha meg akarjuk érteni a szellem birodalmát és be akarunk lépni oda.

Mt 6,6-ban például ezt olvashatjuk: *"Te pedig a mikor imádkozol, menj be a te belső szobádba, és ajtódat bezárva, imádkozzál a te Atyádhoz, a ki titkon van; és a te Atyád, a ki titkon néz, megfizet néked nyilván."* Ha szó szerint értelmeznénk ezt az igét, mindig belső szobánkban kellene imádkoznunk. De nem találunk egyetlen hitelődöt sem, aki titokban imádkozik a belső szobájában.

Jézus sem belső szobájában imádkozott, hanem a hegyen egész éjszaka (Lk 6,12), és egy puszta helyen hajnalban (Mk 1,35).

Emellett Dániel naponta háromszor Jeruzsálem felé nyitott ablakoknál imádkozott (Dán 6,10), Péter apostol pedig a háztetőn (ApCsel 10,9).

Miért mondta hát Jézus, hogy „menj be a te belső szobádba, és ajtódat bezárva, imádkozzál"?

Itt a „szoba" szellemileg az ember szívét jelképezi. Bemenni a belső szobánkba annyi, mint feladni godolatainkat, és leszállni szívünk legmélyére, mint ahogy az ember átmegy egy nappalin vagy egy hálószobán, hogy eljusson belső szobájába. Csak akkor tud tiszta szívéből imádkozni.

Amikor bemegyünk egy belső szobába, el vagyunk szigetelve a külvilágtól. Hasonlóképpen, amikor imádkozunk, ki kell zárni a hasztalan gondolatokat, aggodalmakat és gondokat, és tiszta szívünkből imádkozni kell.

Ennekokáért nem szabad nyersen ennünk az ember Fiának testét. Nem szabad szó szerint értelmeznünk Isten igéjét. Ez azt jelenti, hogy Isten igéjének szellemi jelentését kell keresnünk a Szentlélektől ihletve.

Kettő: ne együk Isten igéjét vízben főtten

Mit jelent az, hogy „ne edd a húst vízben főtten"? Azt jelenti, hogy nem szabad semmit hozzáadnunk Isten igéjéhez, vegytisztán kell ennünk.

Nem helyes Isten igéjét hirdetni és belekeverni politikát, a társadalomról szóló történeteket vagy dicshimnuszokat csodált vagy történelmi személyiségekről.

Isten, aki a mennyet és földet teremtette, s aki az emberek életének és halálának, áldásnak és átoknak Ura, mindenható, és nincs híján semminek.

1 Kor 1,25-ben olvashatjuk: *„Mert az Isten bolondsága bölcsebb az embereknél, és az Isten erőtlensége erősebb az embereknél."* Ezt azért jegyezték fel, hogy ráébredhessünk. még a legbölcsebb, legkiválóbb személy sem hasonlítható Istenhez. Egy ember egész életideje alatt nem tud mindent elmondani, amiről a Biblia ír. Hát akkor hogy merészelitek összekeverni az emberek és az Isten szavait, amikor igét hirdettek?!

Az emberek szavai változnak az idő teltével. Még ha van is bennük igazság, már elmondattak a Bibliában, mégpedig Isten bölcsességével.

Ennekokáért, ha a Bibliáról tanítunk, első szempontunk mindig Isten igéje legyen annak vegytiszta formájában. Természetesen szemléltethetjük példázatokkal a tartalmat, hogy az emberek jobban megérthessék Isten igéjét és a szellemi világ titkait.

Meg kell értenünk, hogy csak Isten igéje örök, ez a tökéletes és teljes igazság, ami örökéletre vezet. Emiatt nem szabad az Ő igéjét vízben főve enni.

Három: tűzön sütve együk Isten igéjét

Mit jelent az, hogy „tűzön sütve, a fejét, lábszáraival és belsejével együtt együk"? (2 Móz 12,9) Azt jelenti, hogy Isten Igéjét, az ember Fiának testét teljes egészében szellemi táplálékunkká kell tenni, anélkül, hogy bármit kihagynánk belőle.

Egyesek például kételkednek abban, hogy Mózes kettéválasztotta a Vörös-tengert. Egyesek nem is kísérlik meg elolvasni a Léviták Könyvét, mert az Ószövetség áldozatai nehezen érthetőek. Mások azt mondják, hogy Jézus csodatételei nehezen hihetőek, és úgy gondolják, hogy e csodák csak 2000 évvel ezelőtt történhettek meg. Kihagynak sok mindent, amik az emberi gondolkodásmódba nem illenek be, és megpróbálják csak az erkölcsi tanulságokat kivonni belőle.

Nem is próbálnak észben tartani olyan igéket, mint: „Szeresd ellenségedet" vagy „A rossznak minden formáját kerüld", mert ezeket az igéket túlságosan nehéz betartani. Hát lehetséges, hogy az ilyenek megváltásra jussanak?

Ezért nemcsak azt kell kiszűrni a Bibliából, amit akarunk, ahogy azt az ostoba emberek teszik. A Biblia minden igéjét enni kell, tüzön sütve, a Teremtés Könyvétől a Jelenések Könyvéig.

Mit is jelent az, hogy „tűzön sütve" együk Isten igéjét? Itt a tűz a Szentlélek tüzére vonatkozik. A Szentlélekkel el kell legyünk telve, általa kell legyünk ihletve, amikor Isten igéjét olvassuk és hallgatjuk, mert a Szentlélektől ihletődve íródott. Máskülönben puszta tudás, nem szellemi eledel.

Ahhoz, hogy Isten igéjét tűzön sütve együk, buzgón kell imádkoznunk. Az imák olyanok, mint az olaj. a Szentlélek teljességének forrásává válnak. Ha a Szentlélektől ihletve esszük Isten igéjét, édesebb a méznél. És akkor sem fogunk ráunni, ha a prédikáció nagyon hosszú, mert annyira drága, és annyira szeretjük hallgatni Isten igéjét, mint a szomjas szarvas, aki a patakra kívánkozik.

Ekként kell Isten igéjét tűzön sütve enni. Csak így fogjuk megérteni Isten Igéjét, tesszük azt szellemi testünkké és vérünkké, és értjük meg és követjük Isten akaratát. Így szülünk szellemet a Szentlélek által, növekedünk hitben és nyerjük vissza Isten elveszett képét azáltal, hogy megtudjuk az ember teljes kötelességét.

Akik viszont önfejűen olvassák Isten igéjét anélkül, hogy tűzön sütnék azt, unalmasnak tartják, és azonnal elfelejtik, mert gondolataik elkalandoznak. Ők nem növekednek szellemükben, és igazi életet sem nyernek.

Négy: ne hagyjunk reggelre Isten igéjéből

Mit jelent ez: „És ne hagyjatok belőle reggelre, vagy a mi megmarad belőle reggelre, tűzzel égessétek meg"?

Azt jelenti, hogy éjszaka kell ennünk az ember Fiának testét: Isten igéjét. A világ, melyben élünk, sötét világ, és az ördög az úr benne, ami szellemi értelemben éjszaka. Amikor ismét eljön az Úr, a sötétség eltűnik és minden megvilágosodik, reggel lesz, a világosság világa.

Ennekokáért az, hogy „ne hagyjatok belőle reggelre", azt

jelenti, hogy meg kell tanulnunk Isten igéjét ahhoz, hogy menyasszonyként készülődjünk, mielőtt visszatér.

Emellett, akár közel van az Úr visszatérése, akár nem, csak 70-80 évet élünk, és nem tudjuk, mikor találkozunk az Úrral. Amíg az Úrral találkozunk, annyira növekszünk szellemileg, amilyen mértékben eszünk az ember Fiának testéből és iszunk a véréből. Ezért hát szorgalmasan tanulnunk kell Isten igéjét és növekednünk kell szellemileg.

Ha az atyák hitét birtokoljuk azáltal, hogy folyton növeljük szellemi növekedésünk iramát, úgy fog ránk ragyogni a dicsőség, mint a fényes nap Isten trónusa mellett az Ő királyságában, mert megismerjük Istent, aki a kezdetektől fogva volt, ápoljuk a Szentlélek kilenc gyümölcsét meg a boldogság formáit, s Isten képéhez leszünk hasonlatosak.

Az ember Fiának vérét inni

Ahhoz, hogy életben maradjunk, ételt kell ennünk és vizet kell innunk. Ha nem iszunk vizet, az ételt nem tudjuk megemészteni, és meghalunk. Amikor az étel vízzel keverten jut a gyomorba, megemésztődik, felszívódnak a nyersanyagok, a maradék pedig kiürül.

Hasonlóképpen, ha az ember Fiának testét esszük, ha nem isszuk az ember Fiának vérét, nem tudjuk megemészteni. Ezért csak akkor juthatunk örökéletre, ha esszük az ember Fiának testét, és egyben az ember Fiának vérét is isszuk.

Az ember Fiának vérét inni annyi, mint Isten igéjét hit által megvalósítani. Miután halljuk Isten igéjét, nagyon fontos, hogy a szerint is éljünk; ezt nevezik hitnek. Ha nem élünk Isten igéje szerint, miután meghallgattuk és megismertük, nincs is értelme meghallgatni.

Ugyanúgy, ahogy a tápanyagok felszívódnak, a fölösleg meg kiürül, amikor megemésztjük az ételt, Isten Igéjét, az igazságot felszívjuk, a hazugságot pedig kiürítjük, amikor Isten igéje szerint élünk, hogy szennyes szívünk megtisztulhasson. De mi a felszívódott igazság és a kiürített hazugság? Mondjuk, hogy meghallgattuk Isten Igéjét: „Ne gyűlöljétek, hanem szeressétek egymást." Ha ezt táplálékunkká tesszük és eszerint élünk, a táplálék, ami a szeretet, felszívódik, a felesleg, ami a gyűlölet, meg kiürül. Szívünk önmagától tisztább és igazabb lesz, ha a piszkos, beszennyező gondolatok távoznak.

Éljünk Isten igéje szerint, miután meghallgattuk

Ha viszont nem élünk Isten igéje szerint, miután meghallgattuk, nem isszuk az ember Fiának vérét. Így Isten igéje csak egy tudástömeg a fejben, és nem juthatunk megváltásra, ha nem élünk az ige szerint.

Az ember Fiának véréből inni és Isten igéje szerint élni nem lehet csupán emberi erőből. Meg kell legyen bennünk az akarat és erő, hogy az Ige szerint éljünk, és akkor elnyerjük Isten kegyelmét, erejét, meg a Szentlélek segítségét azáltal, hogy buzgón imádkozunk.

Ha saját erőnkből meg tudtunk volna szabadulni a bűntől, Jézust nem kellett volna megfeszíteni, és Isten nem küldte volna el a Szentlelket.

Jézus Krisztust azért feszítették meg, hogy a mi bűneink bocsánatot nyerjenek, mert egyedül nem tudjuk megoldani a bűn kérdését, és Isten elküldte a Szentlelket, hogy segítségével mocskos szívünk megtisztulhasson.

A Szentlélek, Isten lelke segít Isten gyermekeinek az igazságban élni. Ezért, a Szentlélek segítségével, Isten gyermekeinek Isten igéje szerint kell élniük és meg kell szabadulniuk bűneiktől, el kell nyerniük Isten áldását.

Csak a világosságban járva nyerhetünk bűnbocsánatot

Ha azt mondjuk: az ember Fia testét esszük és az Ő vérét isszuk, akkor a világosságban járunk Isten igéje szerint. Milyen cselekedeteket is jelent ez? A világosságban kell élnünk. Elhagyjuk a sötétséget, és a világosságban élünk, amikor az ember Fiának húsát esszük, megemésztjük, és szívünket megigazítjuk. Amikor a világosságban élünk, az Úr vére megtisztítja elmúlt, jelen és eljövendő bűneinket.

Még ha vannak is olyan bűneink, amiktől még nem szabadultunk meg, ha tiszta szívünkből megbánjuk azokat Isten előtt, Isten kegyelméből bocsánatot nyerhetnek. Aki igazán hisz Istenben, és szívében igyekszik megvalósítani az igazság útját, többé nem bűnös, hanem igaz ember, megváltást és örökéletet nyerhet.

Isten világosság

1 Jn 1,5-ben olvashatjuk: *"És ez az az üzenet, a melyet tőle hallottunk és hirdetünk néktek, hogy az Isten világosság és nincsen ő benne semmi sötétség."* János apostolt, aki János első levelét írta, maga Jézus tanította, aki eljött erre a világra, és a világ világosságává vált és az Istenhez vezető úttá.

Jn 1,4-5 így ír Jézusról: *"Ő benne vala az élet, és az élet vala az emberek világossága; és a világosság a sötétségben fénylik, de a sötétség nem fogadta be azt."* Jézus maga is kijelentette: *"Én vagyok az út, az igazság és az élet; senki sem mehet az Atyához, hanemha én általam."* (Jn 14,6).

Ennekokáért Jézus tanítványai Jézus révén tanúi voltak annak, hogy Isten világosság, és azt üzenik nekünk, hogy Isten világosság.

A világosság szellemi értelemben igazságot jelent

De mi is az, hogy világosság? Szellemi értelemben a világosság fényt jelent, és a fény a sötétség ellentettje.

Isten így szól hozzánk Ef 5,8-ban: *"mert valátok régen sötétség, most pedig világosság az Úrban; mint világosságnak fiai, úgy járjatok.* Akik meghallgatják az üzenetet, hogy Isten világosság, és megtudják az igazságot Istentől, fényeskedhetnek ebben a világban, ugyanúgy, ahogy a fény elűzi a sötétséget.

A világosság gyermekei, akik az igazságban járnak, a világosság gyümölcseit termik. Ezért mondja az Ef 5.9: *"mert a világosságnak gyümölcse minden jóságban és igazságban és valóságban van.*" Az 1 Kor 13.-ban leírt szellemi szeretet és a Szentlélek gyümölcsei: a szeretet, öröm, békesség, türelem, kedvesség, jóság, hűség, gyöngédség és önuralom a világosság gyümölcsei.

Ennekokáért a világosság minden igaz és jó igét magába foglal, mint a következők: „Szeressétek egymást, imádkozzatok, tartsátok meg a szombatnapot, tartsátok meg a tízparancsolatot", amiket Isten a Bibliában elmond nekünk.

A sötétség szellemi értelemben bűnt jelent

A sötétség olyan állapot, amikor nincs fény, és szellemi értelemben bűnt jelent.

A hazugság, ami az igazság ellentettje, különböző formáit felsorolja a Róm 1,28-29: *„És a miképen nem méltatták az Istent arra, hogy ismeretökben megtartsák, azonképen oda adta őket az Isten méltatlan gondolkozásra, hogy illetlen dolgokat cselekedjenek; a kik teljesek minden hamissággal, paráznasággal, gonoszsággal, kapzsisággal, rosszasággal; rakvák, irigységgel, gyilkossággal, versengéssel, álnoksággal, rossz erkölccsel".* Mindez nem más, mint sötétség.

A Biblia arra tanít, hogy szabaduljunk mindentől, ami a sötétség része, mint például a lopás, gyilkosság, házasságtörés és mindenféle rossz.

Vannak, akik azt állítják magukról, hogy Isten gyermekei, habár nem engedelmeskednek Istennek, hanem olyan dolgokat tesznek, melyekről Isten azt mondja, hogy ne tegyék vagy forduljanak el tőle. Ezt a sötétséget az ördög és a Sátán uralja, és ehhez a világhoz tartozik, úgyhogy soha nem lehet együtt a világossággal. Ezért járnak sötétségben azok, akik gyűlölik a világosságot, és ezért rejtőznek előle.

Az igazi gyermekeinek viszont Istennek, aki maga a világosság, és akiben nincs semmi sötétség, hátat kell fordítaniuk a sötétségnek, és a világosságban kell járniuk. Csak akkor lehetnek kapcsolatban Istennel és akkor sikerülhet minden az életünkben.

Bizonyíték arra, hogy közösségünk van Istennel

Szülő és gyermek között általában nagyon szoros közösség van, ami a szereteten alapul. Számotokra, akik hisztek Jézus Krisztusban, az is ugyanilyen természetes, hogy közösségben éltek Istennel, aki lelki Atyátok (1 Jn 1,3). A közösség itt nemcsak a másik ismeretét jelenti, hanem azt is, hogy mindketten jól ismerik egymást. Nem mondhatjuk, hogy közösség van köztünk és az államelnök között, bár sokat tudunk róla. Ugyanígy van ez Istennel való közösségünkkel. Ahhoz, hogy igazi közösségben éljünk Istennel, jól kell ismernük Őt, ahogy Ő is ismer és elismer bennünket.

1 Jn 1,6-7 így beszél: *„Ha azt mondjuk, hogy közösségünk van vele, és sötétségben járunk; hazudunk és nem az igazságot cselekesszük. Ha pedig a világosságban járunk, a mint ő maga a világosságban van: közösségünk van egymással, és Jézus Krisztusnak, az ő Fiának vére megtisztít minket minden bűntől."*

Ez azt jelenti, hogy csak akkor lehet közösségünk Istennel, ha megszabadulunk bűneinktől és a világosságban járunk. Ha azt mondjuk, hogy közösségben élünk Istennel, bár még mindig a sötétségben élünk, hazugság.

Az Istennel való közösség szellemi, igazi közösség, nemcsak olyan istentelen testvériség, mint amikor csak fejünkkel ismerjük. Nekünk magunknak is a világosságban kell lennünk ahhoz, hogy testvériségünk legyen Istennel, mert Ő világosság. A Szentlélek, Isten szíve világosan megtanít minket Isten akaratára annyira, hogy a világosságban maradunk, hogy mélyebb viszonyban lehessünk Istennel, ha olvassuk Isten igéjét és imádkozunk.

Ha a sötétségben járunk

Hazugságot mondunk, ha azt állítjuk, hogy testvériségben élünk Istennel, de a sötétségben járunk, és vétkezünk. Ekkor nem a világosságban járunk, és végül a halál útjára fogunk lépni.

1Sám 2-ben Éli, a pap fiai gonoszságban éltek és vétkeztek. Élinek meg kellett volna büntetnie őket, de csak figyelmeztette őket: „Miért cselekesztek ilyen dolgot? Ne tegyétek fiaim!"

Végül Isten haragja utolérte őket. Éli papnak két fia csatában halt meg, Éli maga pedig hátraesett székéről a kapufélfának, nyakát szegte és meghalt. Isten haragja utódait is sújtotta. (1 Sám 2,27-36; 4,11-22).

Ennekokáért, ahogy az Ef 5,11-13-ban írja: *„És ne legyen közösségtek a sötétségnek gyümölcstelen cselekedeteivel; hanem inkább meg is feddjétek azokat; mert a melyeket azok*

titokban cselekesznek, éktelen dolog csak mondani is.
Mindezek pedig megfeddetvén, a világosság által napvilágra
jőnek: mert minden a mi napvilágra jő, világosság.''

Ha valaki azt állítja magáról, hogy testvériségben él az Úrral,
de nem a világosságban jár, szeretetteljesen figyelmeztetni kell az
illetőt. Ha akkor sem jön ki a világosságra, meg kell feddni, hogy
kivezessük a fényre, máskülönben a halál útjára lép.

Aki a világosságban jár, bocsánatot nyer

Ezen a világon van egy törvény, és ha valaki megsérti, tette
súlyossága függvényében megbüntetik. De hiába fizetett meg
azért, amit tett, hiába nyerte el büntetését, azért még bűntudata
lesz a kárért, amit okozott.

Hasonlóképpen, még mindig megvan szívünkben a bűnös
természet, hiába fogadjuk el Jézus Krisztust, bocsáttatnak meg
bűneink és kiálttatunk ki igaznak. Ennekokáért Isten azt
parancsolja nekünk, hogy metéljük körül szívünket, hogy még
lelkiismeretünkben se érezhessük bűnösnek magunkat.

Ahogy Jer 4,4 is írja: *,,Metéljétek magatokat körül az Úrnak,*
és távolítsátok el szívetek előbőreit, Júda férfiai és Jeruzsálem
lakosai, hogy fel ne gyúladjon az én haragom, mint a tűz, és
olthatatlanul ne égjen a ti cselekedeteitek gonoszsága miatt.''
A szív körülmetélése szívünk előbőrének lemetélését jelenti.

Szívünk előbőrét lemetélni annyi, mint betartani, amit Isten
mond a Bibliában, úgymint: „Tedd ezt", „Ne tedd azt", „Tartsd
meg ezt" és „Vesd el azt". Más szóval el kell utasítanunk mindent,
ami Isten igéje ellen van: hazugság, gonoszság, igazságtalanság,

törvényszegés és sötétség, meg kell tisztítanunk szívünket és meg kell töltenünk az igazsággal.

Ennekokáért szorgalmasan ügyködnünk kell, hogy Isten igéjét táplálékunkká tegyünk, fel kell szívnunk a tápanyagokat azáltal, hogy szerintük élünk, s ki kell ürítenünk a gonoszságot és hazugságot, melyek a sötétség részei. Amikor szívünket körülmetéljük, szellemileg felnőttek lehetünk.

Amikor szellemi, igaz emberekké válunk, aki kiüríti a bűnt és a gonoszságot, testvériségben élünk Istennel. Ekkor a Jézus Krisztus vére eltörölheti bűneinket, mivel ebben a testvériségben élünk.

Ennekokáért nem elég, ha elfogadjuk Jézus Krisztust, és igaznak neveztetünk ki, de igaz emberré is kell válnunk azáltal, hogy esszük az ember Fiának testét, isszuk a vérét és körülmetéljük szívünket.

A tettekkel kísért hit az igazi hit

Meglepő módon sokan vannak, akik nem értik, mit is jelent a hit. Egyesek azt mondják: Hát nem elég, ha eljárunk a templomba? Akkor is megváltásra jutunk.

Ha meghallgatjuk Isten igéjét és ismerjük azt, de nem élünk az ige szerint, a hit csak a tudás egy formája a fejünkben, nem igazi hit. Eképpen nem juthatunk megváltásra. Milyen az a hit, amit Isten elismer? Hogyan üdvözülhetünk hit által?

Az igazi bűnbánathoz az kell, hogy elforduljunk bűneinktől

1 Jn 1,8-9 a következőket mondja: *„Ha azt mondjuk, hogy nincsen bűn mi bennünk, magunkat csaljuk meg, és igazság nincsen mi bennünk. Ha megvalljuk bűneinket, hű és igaz, hogy megbocsássa bűneinket és megtisztítson minket minden hamisságtól. "* Mit jelent az, hogy megvalljuk bűneinket?

Tegyük fel, hogy Isten így szól hozzánk: „Az örökélet útja és az én akaratom az, hogy kelet fele kell menni, úgyhogy menj kelet felé". Ha mi ettől függetlenül továbbra is nyugat felé tartunk és azt mondjuk: „Isten, kelet fele kellene mennem, de én nyugat felé megyek, úgyhogy bocsáss meg, kérlek", az nem vallomás. Nem hiszünk Istenben, nem féljük Őt, inkább csúfot űzünk belőle. Az igazi bűnbocsánathoz nem elég, ha szájunkkal megvalljuk bűneinket; tetteinkben is teljesen hátat kell fordítanunk bűneinknek. Csak ekkor fogadja el Isten megbánásként és ekkor bocsát meg.

Ugyanúgy, mint ahogy meghalunk, ha nem esszük meg táplálékunkat annak ellenére, hogy tudjuk: ennünk kell ahhoz, hogy életben maradjunk, nem tisztulunk meg az Úr vére által, ha csak szájunkkal valljuk meg bűneinket, és nem fordítunk hátat nekik.

A tettek nélküli hit halott hit

Jak 2,22-ben ezt írja: *„Látod, hogy a hit együtt*

munkálkodott az ő cselekedeteivel, és a cselekedetekből lett teljessé a hit." A 26. ige így folytatja: *„Mert a miképen holt a test lélek nélkül, aképen holt a hit is cselekedetek nélkül."* A legtöbb ember azért jár templomban, mert hallott a menny és pokol létezéséről. De mivel szívük mélyén nem hiszik ezt, nem követik tettek a tudást.

Ez csak tudás-szerű hit, halott hit.

Emellett, ha csak szájunkkal valljuk, amit hiszünk, de továbbra is bűnben élünk, hogy mondhatjuk, hogy hiszünk? A Bibliából megtudhatjuk, hogy a tudás birtokában elkövetett bűn rosszabb, mint a tudatlanságban elkövetett.

Ha azt valljuk: „Hiszek", de nem cselekszünk, hiába gondoljuk, hogy hiszünk, Isten nem ismeri el ezt igazi hitnek.

A zsidók, amikor kijöttek Egyiptomból, Istennek sok csodáját tapasztalták meg. Isten kettéválasztotta a Vörös-tengert, mannával etette őket és felhőoszloppal védte őket nappal, és tűzoszloppal éjszaka.

De amikor Isten azt parancsolta nekik, hogy kémkedjenek Kánaán földjén, csak Józsué és Káleb hitt Isten szavában és erejében. Ennek eredményeként azok a zsidók, akik nem engedelmeskedtek Istennek, mert nem volt elég hitük ahhoz, hogy bemenjenek Kánaánba, 40 évig bolyongtak a pusztában, és végül ott haltak meg.

Meg kell értenünk, hogy hasztalan kételkedünk Isten igéjével, hasztalan cselekszünk vele ellentétben még akkor is, ha sok csodának vagyunk tanúi. A hitet tettek egészítik ki.

Csak azok fognak megigazulni, akik a törvényt betöltik

Isten a Róm 2,13-ban elmondja, hogy: *"Mert nem azok igazak Isten előtt, a kik a törvényt hallgatják, hanem azok fognak megigazulni, a kik a törvényt betöltik."* Nem igazulhatunk meg csupán azáltal, hogy eljárunk istentiszteletre és meghallgatjuk a prédikációt. Csak akkor fogunk megigazulni, ha hazug szívünk megigazul azáltal, hogy Isten Igéje szerint élünk.

Egyesek azt mondják, az üdvözüléshez elég, ha Jézus Krisztust Úrnak nevezzük, mivel félreértik Róm 10,13-t: *"mert minden, a ki segítségül hívja az úr nevét, megtartatik."* De ez hatalmas tévedés. Ahogy És 34,16-ban mondja: *"Keressétek majd az Úr könyvében, és olvassátok: ezeknek egy híjok sem lesz, egyik a másiktól el nem marad: mert az Ő szája parancsolta, és az Ő lelke gyűjté össze őket!"*, Isten igéjének megvan a párja, s csak akkor kerekedik ki, ha párjával együtt értelmezzük.

Róm 10,9-10 azt mondja: *"Mert ha a te száddal vallást teszel az Úr Jézusról, és szívedben hiszed, hogy az Isten feltámasztotta őt a halálból, megtartatol. Mert szívvel hiszünk az igazságra, szájjal teszünk pedig vallást idvességre."*

Csak aki őszintén hiszi szívében, hogy Jézus feltámadt, tudja valóra váltani azt, amit szájával vall, mert Isten Igéje szerint él. Ők üdvözülhetnek, ha ezzel az igazi hittel tesznek vallást és növekednek az igazságban, de aki nem ezzel a hittel tesz vallást, az nem üdvözülhet.

Ezért mondta Jézus Mt 13,49-50-ben: *„Így lesz a világ végén is: eljönnek majd az angyalok, és kiválasztják a gonoszokat az igazak közül, és tüzes kemencébe vetik őket; ott lészen sírás és fogcsikorgatás."* Itt az „igazak" mindarra vonatkozik, akik elismerik Istent, és azt állítják, hogy hisznek. „Kiválasztják a gonoszokat az igazak közül" annyit tesz, hogy aki nem Isten igéje szerint él, nem nyerhet üdvösséget, hiába jár templomba és folytat keresztényi életet.

Isten ragaszkodik a szív körülmetéléséhez

Isten azt akarja, hogy gyermekei szentek és tökéletesek legyenek. Ezért mondja 1 Pt 1,15-ben: *„Hanem a miképen szent az, a ki elhívott titeket, ti is szentek legyetek teljes életetekben"*, és Mt 5,48-ban: *„Legyetek azért tökéletesek, miként a ti mennyei Atyátok is tökéletes."*

Az ószövetségi időkben az emberek tetteik függvényében jutottak üdvösségre annak bemutatásául, hogy mi következik, de az újszövetségi időkben, amikor Jézus szeretettel töltötte be a törvényt, hit által üdvözülünk.

A törvény cselekedetei által üdvözülni azt jelenti, hogy hiába van valakinek szennyes szíve tele gyilkossággal, gyűlölettel, házasságtöréssel, hazugsággal és így tovább, nem tekintik bűnnek csak akkor, ha valóra is váltja.

Isten csak akkor ítélt el valakit, ha megtette a rosszat, mert ezek az emberek nem tudták maguktól elvetni a bűnt a Szentlélek segítsége nélkül. De az újszövetségi időkben csak akkor üdvözülhetünk, ha szívünket körülmetéljük a hittel a Szentlélek segítségével, mert a Szentlélek eljött mihozzánk. A Szentlélek megmutatja nekünk a bűn és igaz élet közti különbséget, megismertet az Utolsó Ítélettel, lehetővé teszi számunkra, hogy Isten Igéje szerint éljünk. Ezért megszabadulhatunk a hazugságtól, és körülmetélhetjük szívünket a Szentlélek segítségével.

Meg kell értenetek, hogy Isten ragaszkodik ahhoz, hogy körülmetéljétek szíveteket, fordítsatok hátat bűneiteknek, legyetek szentek és részesei az isteni természetnek. Pál apostol ismerte Isten akaratát, és a test, hanem a szív körülmetélését tanította (Róm 2,28-29). Azt tanácsolta, hogy álljunk ellent olyannyira, hogy akár vérünket is készek legyünk ontani a bűn elleni harcban, s szemünket szegezzük Jézusra, hitünk bevégzőjére (Zsid 12.1-4).

Remélem, igaz hitetek lesz, melyet tettek követnek, mivel megértitek, hogy nem mehettek be a mennyeknek országába csupán azáltal, hogy azt kiáltjátok: „Atyám, Atyám", hanem csakis úgy, ha a világosságban jártok, és körülmetélitek szíveteket.

9. fejezet

VÍZTŐL ÉS LÉLEKTŐL SZÜLETNI

- Nikodémus eljön Jézushoz
- Jézus segíti Nikodémus szellemi megvilágosodását
- Amikor víztől és Lélektől születünk
- Három bizonyságtevő: a Lélek, a víz meg a vér

Vala pedig a farizeusok közt egy ember, a neve Nikodémus, a zsidók főembere: Ez jöve Jézushoz éjjel, és monda néki: Mester tudjuk, hogy Istentől jöttél tanítóul; mert senki sem teheti e jeleket, a melyeket te teszel, hanem ha az Isten van vele. Felele Jézus, és monda néki: Bizony, bizony mondom néked: ha valaki újonnan nem születik, nem láthatja az Isten országát. Monda néki Nikodémus: Mimódon születhetik az ember, ha vén? Vajjon bemehet az ő anyjának méhébe másodszor, és születhetik-é? Felele Jézus: Bizony, bizony mondom néked: Ha valaki nem születik víztől és Lélektől, nem mehet be az Isten országába.

Jn 3,1-5

VÍZTŐL ÉS LÉLEKTŐL SZÜLETNI _ 215

Isten elküldte Jézust, egyszülött Fiát, és utat nyitott a megváltás felé. Aki elfogadja Őt, elnyeri a jogot, hogy Isten gyermeke legyen, és áldott, örök életet élhet most és mindörökké. De manapság sok embert látni, akik nélkülözik a megváltás bizonyosságát. Sőt, vannak, akik azt állítják, hogy üdvözültek, de nincs meg bennük a hit, hogy elnyerik a megváltást, mások meg azt állítják, hogy üdvözültek, mert egyszer már elnyerték a Szentlelket, de utána nem ügyelnek arra, hogy mit cselekszenek.

Most, a kereszt üzenetének befejezéséül, tisztázzuk azt, hogyan juthatunk el a tökéletes üdvözülésre attól a pillanattól kezdve, hogy elnyerjük Jézus Krisztust, Nikodémus történetén keresztül.

Nikodémus eljön Jézushoz

Jézus idejében a farizeusok nagyon tisztelték Mózes törvényét, és szigorúan betartották az ősök hagyományait. A zsidók kiválasztott népének vallási vezetői voltak, akik hittek Isten uralmában, a feltámadásban, az angyalokban, az Utolsó Ítéletben és az eljövendő Messiásban.

Jézus mégis többször megrótta őket a következőképpen: „Jaj

nektek, farizeusok". Képmutató módon szentnek adták ki magukat az emberek előtt, belül azonban tele voltak kapzsisággal és önimádattal, mint a fehérre meszelt sírok (Mt 23,25-26).

Nikodémusnak jó szíve volt

Nikodémus a Szanhedrin, a zsidó főtanács egyik farizeusa volt. Ám a többi farizeustól eltérően ő nem üldözte Jézust. Elhitte, hogy Jézus Istentől jött, mivel látta a csodákat és jeleket, amiket Jézus művelt. Nikodémus ki akarta deríteni, ki Jézus, mert jó szíve volt.

Jn 7,51-ben Nikodémus a következőt kérdi a Jézust elfogni akaró farizeusoktól védelmére: *„ Valjon a mi törvényünk kárhoztatja-é az embert, ha előbb ki nem hallgatja és nem tudja, hogy mit cselekszik?"*

Nem lehetetett könnyű így beszélni a Szanhedrin egy tagjának. Még ma is, ha egy kormány törvényen kívülinek ítéli vagy törvény által üldözi a kereszténységet, a hivatalos emberek nem állhatnak ki a kereszténység mellett. Hasonlóképpen, akkoriban a zsidók a zsidó valláson kívül hamisnak tekintettek minden egyéb vallást. Nikodémus tudta, hogy a kiközösítés veszélyét vállalja, ha Jézus mellé áll.

Ennek ellenére Nikodémus megvédte Jézust. Ez azt bizonyítja, hogy igaz ember volt, és szilárdan hitt Jézusban.

Jn 19,39-40 leír egy jelenetet közvetlenül az után, hogy Jézus meghalt a kereszten:

Eljöve pedig Nikodémus is (a ki éjszaka ment vala

*először Jézushoz), hozván mirhából és áloéból való
kenet, mintegy száz fontot. Vevék azért a Jézus testét,
és begöngyölgeték azt lepedőkbe illatos szerekkel együtt,
a mint a zsidóknál szokás temetni.*

Ennekokáért Nikodémus hitt benne, hogy Jézus istenes
ember, keresztre feszítése után is változatlanul szolgálta Jézust, és
üdvözült, mivel hitt az Ő feltámadásában.

Nikodémus eljön Jézushoz

Jn 3-ben van egy párbeszéd Jézus és Nikodémus között,
mielőtt az utóbbi megértette volna a szellem igazságát.
Egy éjjel Nikodémus eljött Jézushoz: *„Ez jöve Jézushoz
éjjel, és monda néki: Mester tudjuk, hogy Istentől jöttél
tanítóul; mert senki sem teheti e jeleket, a melyeket te teszel,
hanem ha az Isten van vele."* (2. ige)

Nikodémus először nem tudta, hogy Jézus a Megváltó és
Isten Fia. De miután tanúja volt Jézus csodatételeinek, rájött,
hogy Isten küldötte. Nikodémus azért jött rá és vallotta meg,
hogy Jézus Isten küldötte, mert jó volt a lelkiismerete. Jó
lelkiismerete révén tudta, hogy csak a Mindenható támaszthat
fel holtakat, adhatja vissza a vakok szemvilágát, állíthatja talpra a
nyomorékokat és gyógyíthatja meg a bélpoklosokat.

De akkor miért éjszaka jött Jézushoz? Olyan volt, mint azok,
akik nem akarnak nyíltan templomba járni, mert nem bíznak a
Teremtőben.

Bár Nikodémusnak jó szíve volt, nem volt igaz hite. Nem

bízott benne, hogy Jézus Isten Fia és a Megváltó, ezért nem nappal, nyíltan látogatta meg, hanem éjszaka.

Jézus segíti Nikodémus szellemi megvilágosodását

Jézus így válaszolt neki: *„Bizony, bizony mondom néked: ha valaki újonnan nem születik, nem láthatja az Isten országát."* (Jn 3,3). De Nikodémus egyáltalán nem értette ezt. Ismét kérdez: „Mi módon születhetik az ember, ha vén?" Nem bírt szellemi hittel, ezért így okoskodott: „Az öregek meghalnak, és ismét porrá válnak, hogyan születhetnének hát újjá?"

Akkor Jézus mesélt neki a víz és Szentlélek általi újjászületésről: *„Bizony, bizony mondom néked: Ha valaki nem születik víztől és Lélektől, nem mehet be az Isten országába. A mi testtől született, test az; és a mi lélektől született, lélek az."* (Jn 3,5-6)

Amikor Nikodémus érdeklődését felkeltették Jézus szavai, Ő példázatban magyarázta el: *„A szél fú a hová akar, és annak zúgását hallod, de nem tudod honnan jő és hová megy? így van mindenki, a ki Lélektől született."* (Jn 3,8).

Ádám engedetlensége után minden ember szelleme meghalt, és utána mindenki sorsa a halál volt. Ám lelkünk újjáéled, miután újjászületünk a Szentlélek által. Amikor szellemi emberré válik, ismét Istenné válik hasonlatossá és üdvözül. De Nikodémus nem értette, mit mond Jézus (Jn 3,9).

Ezért megkérdezte: „Hogy lehet ez?" Jézus így felelt:

*Ha a földiekről szóltam néktek és nem hisztek,
mimódon hisztek, ha a mennyeiekről szólok néktek? És
senki sem ment fel a mennybe, hanemha az, a ki a
mennyből szállott alá, az embernek Fia, a ki a
mennyben van. És a miképen felemelte Mózes a kígyót a
pusztában, aképpen kell az ember Fiának felemeltetnie.
Hogy valaki hiszen ő benne, el ne vesszen, hanem örök
élete legyen. (Jn 3,12-15)*

4Móz 21,4-9-ben a zsidók, akiket Isten kivezetett
Egyiptomból, Mózes ellen szóltak, mert a Kánaánba vivő út
mind fáradságosabbá vált. Ekkor Isten elfordította orcáját, és
mérges kígyókat küldött, melyek megmarták az embereket.
Amikor segítségért kiáltoztak, Isten azt mondta Mózesnek,
hogy készítsen rézkígyót, és tűzze rúdra. Isten megmentett
mindenkit, aki a kígyóra nézett, de az önfejű emberek
meghaltak, mert annyira kételkedtek, hogy oda se néztek.

Megérteni Isten igéjének szellemi értelmét

Miért parancsolta meg Isten, hogy készítsenek rézkígyót, és
tegyék fel egy rúdra? 1 Móz 3,14-ből tudjuk, hogy a kígyó el volt
átkozva. Emellett Gal 3,13-ban ezt írja: *„Átkozott minden, a ki
fán függ."*
Ennekokáért a rúdra tűzött rézkígyó azt jelképezi, hogy Jézus
is fakeresztre feszíttetik majd, mint egy elátkozott kígyó, hogy

megváltson bennünket. Ráadásul éppen úgy, mint ahogy a rézkígyóra nézők életben maradtak, a Jézus Krisztusban hívők is megváltásra jutnak.

Nikodémus nem értette Isten igéjének a jelentését, mert még nem született újjá víz és Szentlélek által, s szellemi szeme még nem nyílt fel.

Még ma is, aki nem szület víztől és Lélektől, és nem nyílt fel szellemi szeme, nem érti a szellemi üzenet jelentését, mert szó szerint értelmezi és félreérti.

Buzgón kell imádkoznunk ahhoz, hogy megértsük Isten igéjének szellemi jelentését a Szentlélek által ihletve. Akkor a kegyelem istene megnyitja majd szívünket, és megértjük Isten igéjét és igaz hitet nyerünk.

Amikor víztől és Lélektől születünk

Jézus a következőt mondta Nikodémusnak, aki éjszaka ment hozzá: *„Bizony, bizony mondom néked: Ha valaki nem születik víztől és Lélektől, nem mehet be az Isten országába. A mi testtől született, test az; és a mi lélektől született, lélek az."* (Jn 3,5-6).

Most tisztázni fogjuk, mit jelent víztől és Lélektől születni. Hogyan lehet víztől és Lélektől újjászületni, és hogyan érhetjük el a megváltást?

A víz az élet vizét jelképezi

A víz csillapítja szomjunkat és elsimítja a belső szerveket. Ugyanakkor tisztára mossa testünk külsejét és belsejét.

Ezért Jézus az élet vizét vízhez hasonlította, hogy elmagyarázza: megtisztít bennünket és életet ad.

Jézus a Jn 4,14-ben így szól hozzánk: *"Valaki pedig abból a vízből iszik, a melyet én adok néki, soha örökké meg nem szomjúhozik; hanem az a víz, a melyet én adok néki, örök életre buzgó víznek kútfeje lesz ő benne."* Ha vizet iszunk, egy ideig nem leszünk szomjasak, de aztán ismét megszomjazunk. Ebben az igében a víz az élet vizét jelenti. Aki abból a vízből iszik, melyet Jézus ad neki, soha többé nem szomjúhozik. Azaz az örökélet vizét fakasztó kúttól életet nyerünk.

Jn 6,54-55 *"A ki eszi az én testemet és issza az én véremet, örök élete van annak, és én feltámasztom az utolsó napon. mert az én testem bizony étel és az én vérem bizony ital."* Azaz Jézus teste és vére az élet vize.

Emellett a test a Biblia igéjére utal, mert Jézus az Ige, aki testté válva jött el a világra. Az Ő testét enni annyi, mint észben tartani az Ő igéjét a Biblia olvasása által.

Jézus vére élet, az élet meg igazság. Az igazság Krisztus, Krisztus pedig Isten hatalma. Mindez pedig Jézus vére. Mivel Isten hatalma a hitben jön el, Jézus vérét inni annyi, mint hittel engedelmeskedni az Ő igéjének.

Megtanultuk, hogy a víz szellemi értelemben Jézus testét jelenti, azaz Istennek és Isten Bárányának az igéjét. Ahogy a víz megtisztítja testünket, Isten igéje kimossa a szennyes dolgokat a szívünkből.

Ezért keresztelnek meg vízzel a templomban, a keresztség meg azt jelképezi, hogy Isten gyermekei vagyunk, és bűneink bocsánatot nyernek. Emellett azt is jelenti, hogy elmélkednünk kell Isten igéjén, és minden nap meg kell tisztulni általa.

Újjászületni víz által

Hogyan mossa ki a szennyet szívünkből Isten Igéje, ami az élet vize? Isten négyféle parancsolatot ad nekünk: „Tedd ezt", Ne tedd azt", Tartsd meg ezt", Vesd el azt". Például Isten azt parancsolta, hogy ne tegyünk olyan dolgokat, mint az irigykedés, gyűlölködés, mások megítélése, lopás, házasságtörés és gyilkosság.

Hasonlóképpen nem szabad tiltott dolgokat tennünk, és ugyanakkor el kell vetnünk minden gonosz dolgot. Meg kell tartanunk a szombatnapot, igét kell hirdetnünk, imádkoznunk kell és szeretnünk kell egymást. A szívünk ekkor fokozatosan megtelik igazsággal a Szentlélek segítségével, s Isten Igéje kimossa hazugságainkat és bűneinket. Eképpen szívünk körülmetélődik és átalakul igazsággá Isten igéjével összhangban, és ez annyi, mint víz által születni.

Ennekokáért úgy juthatunk teljes üdvösségre, ha nemcsak hogy elfogadjuk Jézust de szívünket is körülmetéljük azáltal, hogy engedelmeskedünk Isten igéjének életünk minden percében.

Újjászületni Lélek által

Az üdvösség elnyeréséhez szükséges, hogy víztől és Lélektől is szülessünk. Hogy születhetünk a Lélektől? ApCsel 19,2-ben Pál apostol megkérdezett néhány tanítványt: *„ Vajjon vettetek-é Szent Lelket, minekutána hívőkké lettetek?"* Mit jelent az, hogy Szent Lelket venni?

Az első ember, Ádám szellemből, lélekből és testből tevődött össze (Thess 5,23), de szelleme meghalt engedetlensége miatt. Ekkor az állathoz hasonló lett, mert csak teste és lelke maradt (Préd 3,18).

Ha megbánjuk bűneinket, és beismerjük, hogy bűnösök vagyunk, Isten a Szentlelket adja ajándékul annak jeléül, hogy az Ő gyermekei vagyunk (ApCsel 2,38).

Isten gyermekei, akik elnyerték a Szentlelket, különbséget tudnak tenni jó és rossz közt Isten igéje szerint, és az Ige szerint tudnak élni a mennytől kapott hatalom és erő által, melyet folyamatos, buzgó imádkozással érnek el.

Ezáltal átalakulunk az igazsággá, és oly mértékű szellemi hittel fogunk rendelkezni, hogy szellemet szülünk a Szentlélek által. Jn 3,6 ezt írja: *„A mi testtől született, test az; és a mi Lélektől született, lélek az."* Jn 6,63 meg a következőt jegyzi meg: *„A lélek az, a mi megelevenít, a test nem használ semmit: a beszédek, a melyeket én szólok néktek, lélek és élet."*

Legyünk szellemi emberek a Szentléleket követve

Amikor víztől és Lélektől születünk, a mennyország lakosaivá válunk (Fil 3,20). Isten gyermekeként eljárunk az istentiszteletekre, örömmel dicsőítjük Őt és arra törekszünk, hogy a világosságban éljünk.

Mielőtt elnyernénk a Szentlelket, sötétségben éltünk, mert nem tudtuk az igazat. De miután elnyerjük a Szentlelket, igyekszünk világosságban élni.

Ahogy telik az idő, rájövünk, hogy hiába érzünk örömet szívünkben, folyamatosan küszködünk önmagunkban. A Szellem törvényei ugyanis, melyek a Szentlélek kívánságait követik, küszködnek a bűnös természet törvényei ellen, mely a bűnös ember kívánságát, szemének kívánságát és az élet kérkedését követik (1 Jn 2,16).

Pál apostol is szól erről a küzdelemről: *„Mert gyönyörködöm az Isten törvényében a belső ember szerint, de látok egy másik törvényt az én tagjaimban, mely ellenkezik az elmém törvényével, és engem rabul ád a bűn törvényének, mely van az én tagjaimban. Óh én nyomorult ember! kicsoda szabadít meg engem e halálnak testéből?"* (Róm 7,22-24)

Amikor víz és Lélek által születünk, csak annyit jelent, hogy Isten gyermekévé váltunk. Azért még nem lettünk tökéletes szellemi emberré.

Ezért mondja a Gal 5,16-17: *„Mondom pedig, Lélek szerint járjatok, és a testnek kívánságát véghez ne vigyétek. Mert a test a lélek ellen törekedik, a lélek pedig a test ellen, ezek pedig egymással ellenkeznek, hogy ne azokat cselekedjétek, a miket akartok."*

A Szentlelket úgy követhetjük, ha Isten igéje szerint élünk, és Istennek elfogadható és tetsző dolgokat cselekszünk. Így, ha követjük a Lélek kívánságait, nem esünk kísértésbe, és le tudjuk majd győzni az ördögöt és a Sátánt, akik megkísértenek bennünket, hogy a bűnös természet kívánságait kövessük. Az igazságban élhetünk, és hűen elkötelezhetjük magunkat Isten királyságának és igazságának. Amikor a Szentlélek kívánságait követjük, örömben és békességben élünk. Ha viszont bűnös természetünket követjük, nyomorultak és gondterheltek leszünk. Ahogy hitünk érik, elvetjük bűneinket és mindenben a Szentlélek kívánságait követjük. A bennünk élő vágy, hogy a bűnös természetet kövessük, eltűnik. Mindig, minden körülmények között örvendezhetünk. Istennek tetszenek azok, akik a Lélek kívánságai szerint élnek. Megadja, amit szívük kíván, ahogy a Zsolt 37,4-ben is megígéri: *„Gyönyörködjél az Úrban, és megadja néked szíved kérését."*

Ha szívünket átváltoztatjuk olyanná, amit csak igazság tölt be, Isten nagyon elégedett lesz velünk, és mindent lehetővé tesz számunkra. Remélem, víztől és Lélektől születtek majd meg, és a Lélek kívánságai szerint fogtok élni.

Három bizonyságtevő: a Lélek, a víz meg a vér

Amint már elmagyaráztam, az üdvözüléshez azt szükséges, hogy víztől és Lélektől szülessünk. A teljes megváltáshoz viszont az szükséges, hogy megtisztuljunk bűneinktől Jézus vére segítségével azáltal, hogy a világosságban járunk.

Ha szívünk nem tisztult meg, még mindig vannak bűneink. Ezért Jézus Krisztus vérére van szükségünk ahhoz, hogy a maradék bűntől megtisztuljunk. Erről 1 Jn 5,5-8 a következőket mondja:

Ki az, a ki legyőzi a világot, ha nem az, a ki hiszi, hogy Jézus az Isten fia?! Ez az, a ki víz és vér által jő vala, Jézus a Krisztus; nemcsak a vízzel, hanem a vízzel és a vérrel. És a Lélek az, a mely bizonyságot tesz, mert a Lélek az igazság. Mert hárman vannak, a kik bizonyságot tesznek a mennyben, az Atya, az Ige és a Szent Lélek: és a három egy.

Jézus víz és vér által jön

Jn 1,1 a következőket írja: *„Isten vala az Ige",* Jn 1,14 meg: *„És az Ige testté lett és lakozék mi közöttünk (és láttuk az ő dicsőségét, mint az Atya egyszülöttjének dicsőségét), a ki teljes vala kegyelemmel és igazsággal."* Azaz Jézus, Isten egyszülött fia és Isten Igéje testté válva jött el a világra, hogy bűneinket megváltsa. A mai napig folytatja szívünk megtisztítását Isten igéje, a Biblia által.

De nem élhetünk Isten igéje szerint a Szentlélek segítsége nélkül. Lehetetlen saját erőből elvetni bűneinket. Buzgó imádkozással el kell nyernünk a Szentlélek segítségét, hogy levetkezzük a bűnös természet vágyait, szemének kívánságát és az élet kérkedését. Csak akkor űzhetjük ki a hazugság sötétségét szívünkből.

Ráadásul vérontás kell ahhoz, hogy bocsánatot nyerjünk.
Zsid 9,22-ben a következőt írja: *"És csaknem minden vérrel
tisztíttatik meg a törvény szerint, és vérontás nélkül nincs
bűnbocsánat."* Szükségünk van Jézus vérére, mert csak az Ő
folttalan, szeplőtlen vére által nyerhetünk bűnbocsánatot.

Hinnünk kell Jézusban, aki vízben és vérben jött el, és
elnyerjük a Szentlelket Istentől, hogy üdvözülhessünk, amihez
három dologra van szükség: a Lélekre, a vízre és a vérre.
Ha nincs vérontás, nincs bűnbocsánat, és még mindig
bűnben élünk. Nemcsak az igére – a vízre – van szükségünk a
megtisztuláshoz, de a Szentlélekre is, hogy teljesen az Ige szerint
éljünk. Úgyhogy e három összhangban áll.

Ennekokáért, miután elnyertük a bűnbocsánatot azáltal,
hogy elfogadtuk Jézus Krisztust, víz és Lélek által kell
születnünk, hogy elnyerjük a tökéletes üdvösséget, megértvén
azt, hogy csak a Lélek, víz és vér hármasa üdvözíthet és vihet be a
mennyországba.

10. fejezet

MI AZ ERETNEKSÉG?

- Az eretnekség bibliai meghatározása
- Az igazság lelke és a hazugság lelke

Valának pedig hamis próféták is a nép között, a miképen ti köztetek is lesznek hamis tanítók, a kik veszedelmes eretnekségket fognak becsempészni, és az Urat, a ki megváltotta őket, megtagadván, önmagokra hirtelen való veszedelmet hoznak. És sokan fogják követni azoknak romlottságát: a kik miatt az igazság útja káromoltatni fog. És a telhetetlenség miatt költött beszédekkel vásárt űznek belőletek; kiknek kárhoztatásuk régtől fogva nem szünetel, és romlásuk nem szunnyad.

2 Pt 2,1-3

Ahogy a materializmus civilizációja kifejlődött, az emberek tagadni kezdték Istent, mert saját bölcsességükre támaszkodnak. A bűnök terjedésével az emberek szelleme elsötétült, és romlottá váltak. Emiatt sok embert megtévesztenek a hazugságok, mert nem tudnak különbséget tenni igazság és hazugság között. Elkövetik azt a hibát is, hogy másokat saját tudásuk és elméleteik alapján ítélnek meg. Mt 12,22-32-ben Isten meggyógyított egy ördöngöst, aki vak és süket volt. De amikor a farizeusok meghallották ezt, azt mondták: *„Ez nem űzi ki az ördögöket, hanemha Belzebubbal, az ördögök fejedelmével."* (24. ige). Úgy ítéltek, hogy Isten művét démon csinálta.

Jézus így szólt hozzájuk Mt 12,31-32-ben: *„Azt mondom azért néktek: Minden bűn és káromlás megbocsáttatik az embereknek; de a Lélek káromlása nem bocsáttatik meg az embereknek. Még a ki az ember Fia ellen szól, annak is megbocsáttatik, de a ki a Szent Lélek ellen szól, annak sem ezen, sem a más világon meg nem bocsáttatik."*

A farizeusok úgy döntöttek, hogy amit Jézus Isten hatalma révén tett, egy démon műve. Ez a Szentlélek káromlása. Ennekokáért ezek a farizeusok semmiképpen nem nyerhettek bűnbocsánatot.

Ha világosan különbséget teszünk igazság és hazugság között

a Biblia segítségével, nem fogunk másokat elítélni, és a hazugság sem téveszthet meg.

Vizsgáljuk meg alaposabban az eretnekség fogalmát Isten szemszögéből, hogy miként tehetünk különbséget Isten Lelke meg a gonosz lelkek között, és melyek azok az eretnek szekták, melyektől óvakodnunk kell.

Az eretnekség bibliai meghatározása

Az Oxford Dictionary szerint az eretnekség „olyan hit vagy elképzelés, mely ellenkezik egy bizonyos vallással". Egyesek csak azt tartják igaznak, amiben ők hisznek, a többi vallást pedig eretnekségnek tekintik. Egy buddhistának például csak a buddhizmus igaz és helyes út. Számukra a többi vallás, például a konfucianizmus nem mond igazat.

Pál, akit azzal vádoltak, hogy eretnek szekta feje

ApCsel 24,5-ben olvashatjuk a következőket: „*Mi ugyanis úgy találtuk, hogy ez veszedelmes ember, és hasonlást támaszta a föld kerekségén levő valamennyi zsidók közt, és a nazarénusok felekezetének a feje.*" Itt a nazarénusok felekezete eretnek szektát jelent. Ekkor találkozunk először az eretnekség fogalmával a Bibliában.

A zsidók bevádolták Pált a kormányzó előtt, mert azt gondolták, hogy az evangélium, amit Pál hirdetett, eretnekség. Pál visszautasította a vádat, és hitet vallott, mint az ApCsel

24,13-16 feljegyzi:

Rám sem bizonyíthatják azokat, a mikkel most engem vádolnak. Erről pedig vallást teszek néked, hogy én a szerint az út szerint, melyet felekezetnek mondanak, úgy szolgálok az én atyáim Istenének, mint a ki hiszek mindazokban, a mik a törvényben és a prófétákban meg vannak írva, reménységem lévén az Istenben, hogy, a mit ezek maguk is várnak, lesz feltámadásuk a halottaknak, mind igazaknak, mind hamisaknak. Ebben gyakorlom pedig magamat, hogy botránkozás nélkül való lelkiismeretem legyen az Isten és az emberek előtt bármikor.

Valóban eretnek volt Pál apostol?

Keressük meg az eretnek szó meghatározását a Bibliában, mert a Biblia Istennek az igéje. Ő az egyedüli igaz Lény, aki különbséget tud tenni igazság és hazugság közt. „Eretnek szekta" jelentésű kifejezés ötször szerepel a Bibliában. Az eretnekség meghatározásáról azonban csak egy helyütt van szó:

Valának pedig hamis próféták is a nép között, a miképen ti köztetek is lesznek hamis tanítók, a kik veszedelmes eretnekségeket fognak becsempészni, és az Urat, a ki megváltotta őket, megtagadván, önmagokra hirtelen veszedelmet hoznak. (2 Pt 2,1)

„Az Úr, aki megváltotta őket" nem más, mint Jézus Krisztus.
Az ember eredetileg az Istené volt, és az Ő akarata szerint élt. De
engedetlensége után Ádám bűnös lett, és az ördögé volt. Ám
Isten megsajnálta az embereket, akikre halál vált. Elküldte
egyszülött Fiát, Jézust, mint békeáldozatot, és feláldozta a
kereszten, hogy utat nyithasson a megváltás felé vére által.
Isten nekünk dolgozott, akik valaha az ördögéi voltunk, hogy
bűneink bocsánatot nyerjenek, ha hiszünk Jézus Krisztusban.
Életet is nyerünk, és ismét Istenéi leszünk. Ezért mondhatjuk,
hogy Jézus megvásárolt bennünket keresztre feszítése által, a
Biblia pedig azt mondja, hogy Jézus az Úr, aki megváltotta őket.

Az eretnekek tagadják Jézus Krisztust

Most már tudjuk, hogy az eretnek szó azokra vonatkozik,
akik megtagadják az Urat, aki megváltotta őket, önmagukra
hirtelen veszedelmet hozván (2 Pt 2,1). Ezt a kifejezést soha nem
használták addig, amíg Jézus be nem töltötte megváltói
küldetését. A Jézus név azt jelenti, hogy „az, aki megváltja népét
bűneitől." A Krisztus pedig a Felkentet jelenti. Jézus csak azután
lett Megváltó, miután bevégezte munkáját: kereszthalált halt és
feltámadott.

Ezért nem találni az eretnek kifejezést az Ószövetségben vagy
Máté, Márk, Lukács és János evangéliumaiban, melyek Jézus
életét jegyzik fel. Még a farizeusok, a törvénytanítók és a Jézust
üldöző papok sem használták ezt a kifejezést.

Csak miután Jézus feltámadt, hogy bevégezze küldetését,
jelent meg az „azok, akik megtagadják az Urat, aki megváltotta

őket" kifejezés. És csak akkor kezd óvni minket a Biblia az eretnekektől. Ennekokáért, ha valaki hisz Jézusban, mint „az Úrban, aki megváltotta őt", nem eretnek az illető. Ha viszont tagadja ezt, eretnek. Pál apostol nem tagadta Jézus Krisztust, aki megváltotta őt drága vérével. Ehelyett Pál hálát adott Jézus Krisztusnak, akit dicsőített, bármerre ment, és Pált üldözték és nagy árat kellett fizetnie. Ötször kapott a zsidóktól egy híján negyven korbácsütést. Egyszer megkövezték. Börtönbe vetették, üldözték a pogányok és honfitársai, és elárulták azok, akikben megbízott. Ennek ellenére Pál nagyhatalmú emberré vált, mivel örömmel és hálával kerekedett felül minden szenvedésen, és úgy dicsőítette Istent, hogy számtalan embert meggyógyított Jézus Krisztus nevében, míg csak mártírhalált nem halt.

Pál az evangéliumot hirdette Isten hatalmáról tévén tanúbizonyságot

Tudnunk kell, hogy Isten hatalmát nem mutathatják meg azok, akik tagadják a Teremtőt és Jézus Krisztust, aki isteni természetű volt, mert a Biblia félreérthetetlenül kimondja: *„Egyszer szólott az Isten, kétszer hallottam ugyanazt, hogy a hatalom az Istené."* (Zsolt 62,12).

Nem szabad elítélni valakit, aki Isten hatalmáról tesz tanúbizonyságot, mert az a hatalom bizonyítja, hogy Isten van vele, és az illető nagyon szereti Őt. Gal 1,6-8-ban Pál, akit a nazarénusok felekezetének fejének neveztek, szigorúan

figyelmeztet bennünket, nehogy egyéb evangéliumot kövessünk
vagy hirdessünk a kereszt üzeneténél:

*Csodálkozom, hogy Attól, a ki titeket Krisztus
kegyelme által elhívott, ily hamar más evangyéliomra
hajlotok, holott nincs más: de némelyek zavarnak titeket,
és el akarják ferdíteni a Krisztus evangyéliomát. de ha
szerinte mi, avagy mennyből való angyal hirdetne is
néktek valamit azon kívül, a mit néktek hirdettünk,
legyen átok.*

Még ma is eretneknek bélyegeznek egyeseket, bár soha nem
tagadják meg Jézus Krisztust, hanem csak Krisztus evangéliumát
hirdetik és az élő Istenről tesznek bizonyságot azáltal, hogy az Ő
erejével működnek.

Ne ítéljünk másokat önkényesen eretneknek

Magam is sok megpróbáltatást szenvedtem el, amikor
eretneknek bélyegeztek, mivel Isten erejével dolgoztam és
egyházam egyre növekedett. A gyülekezet több mint 120.000-es
lélekszámúra nőtt 1982 óta, amikor alapítottam.

Hét éven át számtalan betegség kínzott, és Isten ereje
gyógyított meg egyszerre. Azután Isten dicsőségéért próbáltam
élni ha ettem, ha ittam, Pál apostolhoz hasonlóan. Életem Isten
kezébe helyeztem, és a következőre összpontosítottam: „Csak
Jézus, mindig csak Jézus."

Még mielőtt elvégeztem volna a szemináriumot, igyekeztem

elmondani mindenkinek, hogy Isten gyógyított meg, és hirdetni az evangéliumot. Miután Isten szolgájának felavattak, a kereszt üzenetét hirdettem, és dicsőítettem az élő Istent és a megváltó Jézust. Még akkor is tanúbizonyságot tettem Istenről, ha esküvőt vezettem le, mert minél több embert akartam a megváltás útjára terelni.

Rájöttem, hogy Isten nagyerejű igéjére és az élő Istenről való tanúbizonyságra is szükség van ahhoz, hogy az Úr tanúivá lehessünk a világ végezetéig. Ezért buzgón imádkoztam, mint hitelődeink, hogy elnyerhessem Isten hatalmát, és az engem sújtó megpróbáltatásokat hálával és örömmel fogadtam. Néha e megpróbáltatások majdhogynem halálosak voltak. De ugyanúgy, ahogy Jézus a feltámadás dicsőségét nyerte el patyolattiszta halála után, Isten az én erőmet is akaratával összhangban növelte, miután egy-egy akadályon sikerült felülkerekednem.

Ennek eredményeként, valahányszor arról vallottam, miért Isten az egyedüli igaz isten, és miért üdvözülünk, ha Jézus Krisztusban hiszünk, a világ minden részén: Kenyában, Ugandában, Hondurasban, Japánban, még az erősen muzulmán Pakisztánban is, meg a hindu Indiában 2000 óta több ezer ember tért meg, a vakok visszanyerték látásukat, a némák beszélni kezdtek, a süketek hallottak, s gyógyíthatatlan betegségek, például az AIDS és a rák mindenféle formái meggyógyultak. Eme csodák Isten dicsőségét szolgálták.

Ennekokáért azok, akik megértették, mi az eretnekség, nem ítélnek eretneknek másokat egykönnyen. Az ApCsel 5,33-42-ben olvashatunk Gamálielről, egy törvénytanítóról, akit mindenki tisztelt. Hogyan viselkedett? Akkoriban a Szanhedrin megtiltotta, hogy Péter és János Jézus Krisztusról beszéljenek, de ők elteltek a Szentlélekkel, és nem engedelmeskedtek a tanácsnak. Emiatt a Szanhedrin tagjai ki akarták végezni az apostolokat. Gamáliel viszont felállt a Szanhedrinben, és elrendelte, hogy egy kis időre vezessék ki az apostolokat. Majd így beszélt a tanácshoz:

Izráel férfiai, vigyázzatok magatokra ez emberekkel szemben, mit akartok cselekedni! Mert ez időnek előtte felkelt Theudiás, azt mondván, hogy ő valaki, kihez mintegy négyszáz embernyi tömeg csatlakozott; ő megöletett, és mindnyájan, a kik csak követték őt, eloszlottak és semmivé lettek. Ezután felkelt ama Galileus Júdás az összeírás idején, és sok népet maga után csábított: ez is elveszett; és mindazok, a kik őt követték, szétszórattak. Mostanra nézve is mondom néktek, álljatok el az emberektől, és hagyjatok békét nékik! mert ha emberektől van e tanács, vagy e dolog, semmivé lesz; ha pedig Istentől van, ti fel nem bonthatjátok azt; nehogy esetleg Isten ellen harcolónak is találtassatok. (ApCsel 5,35-39).

E sorok olvasása közben rájövünk, hogy ha egy csoda nem Istentől való lenne, nem sikerülhetne még akkor sem, ha az emberek nem állják útját. Ha viszont Istentől való a csoda, hiába állnak ellent neki, nem tudják elejét venni. Ehelyett próbálkozásuk Isten elleni harcnak minősül, és Isten ítélete és büntetése fogja sújtani őket.

Az emberek néha eretneknek minősítenek másokat, mert másként értelmezik a Bibliát, más látomásokat kapnak a Szentlélektől, vagy akár mert más nyelven szólnak, bár mindannyian elismerik a Szentháromságot és azt, hogy Jézus Krisztus testté válva jött el a földre.

Egyesek egyenesen azt mondják, hogy nincs szükségük nyelveken szólni vagy látomásokra, és a Szentlélek eme művei nem hitelesek, mert nem jegyzik fel sehol, hogy Jézus nyelveken szólt volna vagy látomásokat látott volna. De a Biblia azt mondja, hogy mindez a javunkra van:

> *Mindenkinek azonban haszonra adatik a Lélek kijelentése. Némelyiknek ugyanis bölcsességnek beszéde adatik a lélek által; másiknak pedig tudománynak beszéde ugyanazon Lélek szerint; egynek hit ugyanazon Lélek által; másnak pedig gyógyítás ajándékai azon egy Lélek által; némelyiknek csodatevő erőknek munkái; némelyiknek meg prófétálás; némelyiknek pedig lelkeknek megítélése; másiknak nyelvek nemei; másnak pedig nyelveknek magyarázása; de mindezeket egy és ugyanaz a Lélek cselekszi, osztogatván mindenkinek külön, a mint akarja. (1 Kor 12,7-11)*

Ennekokáért nem szabad rágalmaznunk vagy eretneknek ítélnünk azokat, akik más ajándékot kaptak a Szentlélektől csak azért, mert mi magunk nem tapasztaljuk azt.

Az igazság lelke és a hazugság lelke

2 Pt 2,1-3-ban megtaláljuk az eretnekég értelmezését. A Biblia óv a hamis prófétáktól és tanítóktól, akik titokban romboló hatású eretnekségeket terjesztenek: *„És sokan fogják követni azoknak romlottságát; a kik miatt az igazság útja káromoltatni fog. És a telhetetlenség miatt költött beszédekkel vásárt űznek belőletek; kiknek kárhoztatásuk régtől fogva nem szünetel, és romlásuk nem szunnyad.”* (2 Pt 2,2-3).

1 Jn 4,1-3 meg a következőt írja: *„Szeretteim, ne higyjetek minden léleknek, hanem próbáljátok meg a lelkeket, ha Istentől vannak-é; mert sok hamis próféta jött ki a világba. Erről ismerjétek meg az Isten lelkét: valamely lélek Jézust testben megjelent Krisztusnak vallja, az Istentől van; és valamely lélek nem vallja Jézust testben megjelent Krisztusnak, nincsen az Istentől: és az antikrisztus lelke, a melyről hallottátok, hogy eljő; és most e világban van már.”*

Próbáljátok meg a lelkeket, ha Istentől vannak-é

Vannak Istentől való jó lelkek, melyek üdvösségre vezetnek bennünket, de vannak gonosz lelkek is, melyek megtévesztenek és romlásba visznek bennünket.

Aki ajándékul kapta Isten Lelkét, elismeri, hogy Jézus testben megjelent Krisztus. Hisz a Szentháromságban: Istenben, Jézus Krisztusban meg Szentlélekben, úgyhogy rajta van a pecsét, hogy Isten gyermeke. Megérti az igazságot, és az igazság szerint él a Lélek segítségével.

Akiben viszont az antikrisztus lelke él, Isten igéjét Jézus Krisztus ellen használja fel, és tagadja Megváltó mivoltát.

Óvatosnak kell lennünk, meg kell tudnunk különböztetni az antikrisztusokat, mert az antikrisztus gyakran munkálkodik a hívők körében úgy, hogy rossz célokra használja fel Isten igéjét. Egyébként is, ha Jézus Krisztust tagadjuk, az nem egyéb, mint isten ellen harcolni, aki elküldte Őt erre a világra.

A Biblia a következőképpen óv minket az antikrisztus ellen 2 Jn 1,7-8-ban.

Mert sok hitető jött e világra, a kik nem vallják a Jézust testben megjelent Krisztusnak. Ez a hitető és az antikrisztus. Vigyázzatok magatokra, hogy el ne veszítsük, a mit munkáltunk, hanem teljes jutalmat nyerjünk.

1 Jn 2,19-ben újabb figyelmeztetést olvashatunk:

Közűlünk váltak ki, de nem voltak közülünk valók; mert ha közülünk valók lettek volna, velünk maradtak volna; de hogy nyilvánvalóvá legyen felőlük, hogy nem mindnyájan közülünk valók.

Kétféle antikrisztus létezik: az az ember, akit megszállt az antikrisztus szelleme és az, akit megtévesztett az antikrisztus szelleme. Mindketten igyekeznek megtéveszteni azokat, akikben a Szentlélek lakozik. Rabul ejtik az embereket, hogy ellenkezzenek Isten Igéjével, s gondolataikkal megtévesztik őket.

Azokat, akiknek gondolatait teljesen az antikrisztus irányítja, megszállottnak nevezzük.

Ha egy lelkészt megszállana az antikrisztus szelleme, gyülekezete a romlás útjára térne, mivel azt is rabul ejtené az antikrisztus szelleme.

Ezért világos fogalmakat kell alkotnunk az igazság lelkéről és a hazugság lelkéről, nehogy megtévesszen az antikrisztus szelleme, hanem az igazság és világosság szerint éljünk.

Hogyan ismerjük meg a lelkeket

1 Jn 4,5-6-ban ezt olvashatjuk: *„Azok a világból valók; azért a világ szerint beszélnek, és a világ hallgat rájok. Mi az Istentől vagyunk: a ki ismeri az Istent, hallgat reánk, a ki nincsen az Istentől, nem hallgat reánk. Erről ismerjük meg az igazságnak lelkét és a tévelygésnek lelkét."*

Hazugság annyi, mint olyan kijelentés, ami nem igaz. A hazugság lelke a világ lelke, ami megtéveszti az embereket, elhiteti velük, ami nem igaz, mintha igaz lenne, és miatta kilépünk a hit kereteiből. Aki Istentől van, az az igazság lelkére hallgat, aki viszont a világtól való, az a világra hallgat, nem az igazságra. Ezáltal könnyű felismerni őket. Ha tudjuk az igazságot, könnyen felismerjük valamiről, hogy világosság-e vagy sötétség. Akkor ezt mondhatjuk: „Ez az ember az igazság, az viszont a sötétség."

Például, ha vasárnap azt mondja valaki. „Menjünk kirándulni délután. Csak a reggeli istentiszteletre menjünk el. Hát nem elég az?", vagy ha megpróbálja lerombolni Isten királyságát gonosz cselszövéssel, és mégis azt állítja, hogy hisz Istenben, az a hazugság lelkének a műve.

Sok dolgot megérthetünk, amiket Isten örömmel ad nekünk, ha elnyerjük az igazság lelkét, aki Istentől való (1 Kor 2,12). Ezért lakozik bennünk, Isten szeretett gyermekeiben a Szentlélek. Ő az igazság Lelke, és az igazság fele vezet bennünket. Nem magától szól, csak azt mondja, amit hall, és megmondja nekünk az eljövendő dolgokat.

Ennekokáért Jézus így szól Jn 14,17-ben: *„Az igazságnak ama Lelkét, a kit a világ be nem fogadhat, mert nem látja őt és nem ismeri őt; de ti ismeritek őt, mert nálatok lakik, és bennetek marad."* Jn 15,26 újabb emlékeztetőt nyújt a Szentlélekről: *„Mikor pedig eljő majd a Vigasztaló, a kit én küldök néktek az Atyától, az igazságnak Lelke, a ki az Atyától származik az tesz majd én rólam bizonyságot."*

1 Kor 2,10-ben meg ezt olvashatjuk: *„Nekünk azonban az Isten kijelentette az ő Lelke által; mert a Lélek mindeneket vizsgál, még az Istennek mélységeit is."* Mint ahogy meg van írva, a Szentlélek az egyedüli, aki teljességben ismeri és felfogja Isten gondolatait.

Következésképpen, akik elnyerték az igazságnak lelkét, hallgatnak az igazság szavára és engedelmeskednek neki. Minél jobban kiterjed Isten birodalma és igazsága, annál jobban örvendeznek. Tele vannak élettel, és a mennyei királyság után áhítoznak.

De vannak, akik öröm nélkül járnak templomba, mert nincs bennük Istentől való hit. Ők még mindig a világhoz tartoznak, és világias dolgok után vágynak, mint amilyen a pénz meg a szórakozás. Eképpen nem élhetnek az igazságban, nem vágyakozhatnak a mennyek birodalmába és nem szerethetik Istent teljes szívükből.

Végül ezek az emberek elhagyják Istent, és engednek a hazugság lelkének, mert ők a világhoz tartoznak, és nincs meg bennük az igazság lelke. Az az ember sem az igazság lelkétől van, aki rágalmazza hittestvéreit vagy pletykákat terjeszt róluk, vagy irígységből eltávolítja őket Isten birodalmától és igazságától.

Ne engedjétek senkinek, hogy félrevezessen

1 Jn 3,7 a következőkre buzdít bennünket: „*Fiacskáim! senki el ne hitessen benneteket; a ki az igazságot cselekszi, igaz az, a miként Ő is igaz.*" Ne forduljunk el Isten igéjétől, nehogy a hamis tudás megtévesszen bennünket, mert csak Isten igéjéből tanulhatunk. Csak belőle nyerhetünk teljes megváltást, élhetünk jómódban ezen a világon és élvezhetjük az örökéletet a mennyei birodalomban.

De az ördög mindent megtesz, hogy útját állja Isten gyermekeinek, akik az Ige szerint akarnak élni, és csábítására megalkuszunk a világgal, elfordulunk Istentől, kételkedünk benne és szembefordulunk vele. 1 Pt 5,8-ban ezt írja: „*Józanok legyetek, vigyázzatok; mert a ti ellenségtek, az ördög, mint ordító oroszlán szerte jár, keresvén, kit elnyeljen.*"

Hogyan tudja megtéveszteni Isten gyermekeit az ördög, a Sátán? Hasonlíthatjuk a helyzetet ahhoz, amikor egy nőt megkísért egy férfi. Ha egy nő magabiztosan de egyben jólnevelten viselkedik, a férfiak nem merik megkísérteni. Ha viselkedése kívánnivalót hagy maga után, a férfiak könnyen megkísérthetik. Hasonlóképpen az ördög, a Sátán is közel férkőzik ahhoz, aki nem hisz szilárdan az igazságban, és kételkedik Istenben. Az ördög ráveszi az ilyeneket, hogy forduljanak el Istentől, álljanak ellent neki, s végül a halál útjára viszi őket. Évát az ördög úgy kísértette meg, hogy elferdítette Isten igéjét, és Éva elbizonytalanodott. Természetesen a hibátlan ember is ütközik nehézségekbe. Ez azért van, mert Isten meg akar áldani bennünket, mint Dániel megpróbáltatásaiból is láthatjuk, akit oroszlánverembe vetett, vagy Ábrahám próbatételéből, akinek elrendelte Isten, hogy fiát ajánlja fel égőáldozatul.

Ha azért kell megpróbáltatásokkal szembenéznünk, mert hitünk nem elég szilárd, azonnal meg kell bánnunk bűneinket, minden megpróbáltatást és kísértést el kell űznünk Isten igéje segítségével, s minden erőnkből azon legyünk, hogy a hit szikláján megálljunk..

Álljunk szilárdan az igazságban; ne hagyjuk, hogy megtévesszenek

Az 1 Tim 4,1-2 szerzője így ír: *"A Lélek pedig nyilván mondja, hogy az utolsó időben némelyek elszakadnak a hittől, hitető lelkekre és gonosz lelkek tanítására figyelmezvén. Hazug beszédűeknek képmutatása által, kik meg vannak bélyegezve a saját lelkiismeretökben."*

Ez napjainkra vonatkozik, amikor egyesek, akik azt állítják magukról, hogy hisznek, elfordulnak hitüktől hitető lelkeket és démonokat követve.

A megtévesztettek képmutatók még akkor is, ha tetteik látszólag hitről és igaz lélekről tanúskodnak. Mások előtt imádkoznak, és pénzért maradnak hűek, nem Isten kegyelme iránti hálából. Végül elhagyják hitüket, és a halál útjára lépnek, mert lelkiismeretükben meg vannak bélyegezve a hazugság, igazság nélküli élet és világias élvezetek hajszolása által. Isten szigorúan óv a Bibliában, nehogy engedjük a megtévesztésnek. Jézus így figyelmeztet Mt 7,15-16-ban: *„Őrizkedjetek pedig a hamis prófétáktól, a kik juhoknak ruhájában jőnek hozzátok, de belől ragadozó farkasok. Gyümölcseikről ismeritek meg őket. Vajjon a tövisről szednek-é szőlőt, vagy a bojtorjánról fügét?"* Az ember szavai és tettei gondolatait és szándékát tükrözik. Tehát gyümölcseiről ismerjük meg az embert. Ha valakiben gonoszság gyümölcse van: gyűlölet, irigység vagy féltékenység, és nem az igazság gyümölcse: jóság és igazság, akkor hamis próféta.

Sok hamis próféta, antikrisztus él a világon. Ennekokáért Isten gyermekeinek pontosan kell tudniuk, mi is az eretnekség, hogy különbséget tudjanak tenni az igazság lelke és a hazugság lelke között.

Az ördög, a Sátán egyetlen alkalmat sem szalaszt el, hogy megteveszthesse Isten gyermekeit, és bűnre csábítsa őket, valahányszor elbotlanak az igazságban. Ha valaki szilárdan áll az igazságban és engedelmeskedik annak, nem csaphatja be a hazugság lelke, hanem könnyűszerrrel legyőzi azt, még ha megkörnyékezi is. Nem szabad elfogadni egyetlen más tanítást sem, nem szabad engedni, hogy megtévesszenek azok, melyek az igazság ellen vannak. Engedelmeskednünk kell Isten igéjének, követnünk kell a Szentlélek kívánságát, hogy bátrak és folttalanok lehessünk a mi urunk Jézus Krisztus Második Eljövetelekor.

Ilymódon nagy meglepetésünkre napjainkban rengeteg eretnek van. Ők azok, akik ellenállnak Jézus Krisztusnak azáltal, hogy tévesen használják az Isten szót, tagadják a mennyek birodalmát, azt állítják magukról, hogy ők Jézus Krisztus, és tagadják a kereszt üzenetét, a Szentháromságot, a Szentlélek műveit, ők a hamis próféták és még sokan mások.

Jézus a következőket mondja: „A jó ember az ő szívének jó kincseiből hozza elő a jókat; és a gonosz ember az ő szívének gonosz kincseiből hozza elő a gonoszokat. De mondom néktek: minden hivalkodó beszédéért, a mit beszélnek az emberek, számot adnak majd az ítélet napján. Mert a te beszédidből ismertetel igaznak, és a te beszédidből ismertetel hamisnak. (Mt 12,35-37).

A jó embernek jó szíve van, és nem okozhat gonoszságot és kárt másoknak, hiába származna előnye belőle.

A gonosz ember viszont nem leli örömét az igazságban. Mindenféle gonoszságot művel, hogy másokat eltántorítson irigységből és féltékenységből. Hiába tűnik beszéde igaznak és igazságosnak, nem mondhatjuk, hogy jó ember, ha szándékosan rosszat mond másokról, vagy elidegenít valakit egy másik embertől.

Ennekokáért mindig imádkozzatok és legyetek éberek, hogy meg ne csalatkozzatok. Tudnotok kell különbséget tenni igaz és hazug lelkek között, és sosem szabad ítélkeznetek mások felett. Mi több, ki kell tartanotok hitetekben a Szentháromság: Az Atya, a Fiú és a Szentlélek – mellett, hinnetek kell a Biblia egészében, engedelmeskednetek kell neki, követnetek kell azt.

„Jöjj el, Uram Jézus!"

A szerző:
Dr. Jaerock Lee

Dr. Jaerock Lee Muanban, Jeonnam Tartományban, a Koreai Köztársaságban született, 1943-ban. A húszas éveiben hét évig gyógyíthatatlan betegségekben szenvedett, és a gyógyulás reménye nélkül várta a halált. Egy napon 1974-ben azonban a nővére elvitte egy templomba, és amikor letérdelt, hogy imádkozzon, az Élő Isten az összes betegségéből kigyógyította.

Attól a pillanattól fogva, hogy e csodás tapasztalat révén Dr. Lee találkozott az Élő Istennel, teljes szívéből és őszintén szereti Istent, és 1978-ban elhivatott az Ő szolgájaként. Buzgón imádkozott, hogy megérthesse Isten akaratát, és teljesen beteljesítse azt, és Isten igéjét teljesen betartotta. 1982-ben megalapította a Manmin Központi Egyházat Szöulban, Koreában, és azóta számtalan isteni munka történt ebben a templomban, beleértve a nagyszerű gyógyulásokat és a csodákat.

1986-ban lelkésszé szentelték a Jézus Sungkyul Koreai Egyházának éves összejövetelén, és négy évvel később, 1990-ben az istentiszteleteit elkezdték közvetíteni Ausztráliában, Oroszországban, a Fülöp-szigeteken, és számos más országban, a Far East Broadcasting Company, az Asia Broadcast Station, valamint a Washington Christian Radio System közreműködésével.

Három évvel később, 1993-ban a Manmin Központi Templomot beválasztották „A világ legjobb 50 temploma" közé, a *Christian World Magazine* (Keresztény Világmagazin) által (USA), és tiszteletbeli doktori címet kapott a Christian Faith College, Florida, USA, intézménytől, és 1996-ban doktori címet is – a lelkészi tudományokban – az iowai Kingsway Theological Seminary-től, az Egyesült Államokból.

1993 óta Dr. Lee a világmisszió terén vezető szerepet vállal, külföldön az

Egyesült Államokban, Tanzániában, Argentínában, Ugandában, Japánban, Pakisztánban, Kenyában, a Fülöp-szigeteken, Hondurasban, Indiában, Oroszországban, Németországban és Peruban, és 2002-ben „világszintű lelkésznek" nevezték a vezető koreai keresztény újságok, a külföldi Nagy Egyesült Missziókban kifejtett tevékenységéért. 2015. szeptember a Manmin Központi Templom több mint 120. 000 tagot számlált, 10. 000 hazai és külföldi leányegyháza volt szerte a világon, és eddig több mint 103 misszionáriust küldött 23 országba, beleértve az Egyesült Államokat, Oroszországot, Németországot, Kanadát, Japánt, Kínát, Franciaországot, Indiát, Kenyát, és sok más országot.

A mai napig Dr. Lee 100 könyvet írt, közöttük a rekord példányszámban eladott *Az Örök Élet Megkóstolása a Halál Előtt, Életem Hitem I és II, A Kereszt Üzenete, A Hit Mértéke, A Mennyország I és II, A Pokol,* Isten Hatalma, és a munkáit több mint 76 nyelvre lefordították.

A keresztény rovatai megjelennek a *The Hankook Ilbo, The JoongAng Daily, The Dong-A Ilbo, The Chosun Ilbo, The Munhwa Ilbo, The Seoul Shinmun, The Kyunghyang Shinmun, Koreai Napi Gazdaság (The Korea Economic Daily), The Korea Herald, The Shisa News, és a Keresztény Sajtó (The Christian Press)* hasábjain.

Dr. Lee jelenleg több tisztséget tölt be: a Koreai Egyesült Szentség Egyház elnöke; a Manmin Misszió elnöke; a Global Christian Network (GCN) alapítója és igazgatótanácsának elnöke; a The World Christian Doctors Network (WCDN) alapítója és igazgatótanácsának elnöke; és a Manmin Nemzetközi Lelkészképző (MIS) alapítója és igazgatótanácsának elnöke.

Mennyország I & II

Egy részletes vázlat a mennyei állampolgárok dicsőséges körülményeiről, amelyet Isten dicsőségében élveznek

A Hús Embere, A Szellem Embere I & II

Egy nagyon kiterjedt témakört tárgyal, amely az élet problémáival foglalkozik, és részletesen kiterjed a szellemi törvényekre, amelyek Isten, az ember, és Sátán között alkalmazhatók.

Pokol

Egy őszinte üzenet az emberiségnek Istentől, aki azt kívánja, hogy egyetlen lélek se hulljon a pokol mélységeibe! Felfedezheted Hadész soha fel nem tárt képét, valamint a pokol kegyetlen valóságát.

Életem, Hitem I & II

Dr. Jaerock Lee önéletrajza a legkellemesebb spirituális aromát nyújtja az olvasó számára, az élete az Isten iránti szeretet által kezdett virágozni, miután sötét hullámok, hideg járom jutott számára, valamint a legmélyebb elkeseredés.

Az Örök Élet Megkóstolása a Halál Előtt

Dr. Jaerock Lee tisztelendő tanúságtevő emlékiratai, aki újjászületett és megmenekült a halál völgyéből, és azóta példaértékű keresztény életet él

A Hit Mértéke

Milyen mennyei helyet, és milyen koronákat és jutalmakat készítenek elő a számodra a mennyekben? Ez a könyv ellát bölcsességgel és útmutatással téged, hogy megmérhesd a hited, valamint a legjobb és a legérettebb hitet gyakorolhasd.

Isten Hatalma

Egy kihagyhatatlan olvasmány, egy alapvető útmutató az igaz hit eléréséhez, és Isten csodáinak megtapasztalásához.

Ébredj Izrael!

Miért tartotta Isten a szemét a világ végétől máig Izraelen? Milyen gondviselést tartogat Izrael számára – akik ma is a Messiást várják – az utolsó napokra?